기독교문서선교회 (Christian Literature Center: 약칭 CLC)는 1941년 영국 콜체스터에서 켄 아담스에 의해 시작되었으며 국제 본부는 미국 필라델피아에 있습니다. 국제 CLC는 59개 나라에서 180개의 본부를 두고, 약 650여 명의 선교사들이 이동도서차량 40대를 이용하여 문서 보급에 힘쓰고 있으며 이메일 주문을 통해 130여 국으로 책을 공급하고 있습니다. 한국 CLC는 청교도적 복음주의 신학과 신앙서적을 출판하는 문서선교기관으로서, 한 영혼이라도 구원되길 소망하면서 주님이 오시는 그날까지 최선을 다할 것입니다.

추천사 1

정 승 태 교수
한국침례신학대학교 종교철학 교수, 교무처장

종교개혁은 'ad fontes'(아드 폰테스), 즉 '근원에 대하여'를 번민한 시대였습니다. 그 근원은 성서입니다. 가톨릭의 전통과 문화 그리고 교회 강단의 케리그마(설교)를 넘어 성서는 모든 판단과 행위의 원천입니다. 성서는 절대적 힘입니다. 성서는 모든 것을 변혁하고 개혁을 가능하게 하는 힘 그 자체입니다.

루터의 묵상법은 성서의 중요성을 강조합니다. 루터의 묵상법은 크게 'oratio'(오라티오, 기도), 'meditatio'(메디타티오, 묵상), tentatio(텐타티오, 영적 시련)로 축약할 수 있습니다.

성서를 읽는 것은 '단단한 음식을 입으로 가져가는 것'이고, 성서의 묵상 내용을 '잘게 씹어서 가루로 만들어 소화하며 기도하는 행위'입니다. 그리고 성서를 읽은 자는 마땅히 '우리가 해야 할 일을 행할 뿐만 아니라 그로 인해 우리가 겪게 될 수밖에 없는 필연적 고난과 시련을 정면으로 대면'하게 됩니다.

성서는 그것을 읽는 모든 자로 하여금 시대의 그릇된 행위와 하나님의 뜻을 위반하여 잘못된 길로 들어선 모든 행위에 저항하게 했습니다. 종교개혁이 가능한 것은 결국 이 성서의 힘이었습니다.

루터의 묵상법은 종교개혁의 시대적 정황을 이해하는 것뿐만 아니라 성서의 중요성을 일깨우게 하는 소중한 책입니다. 그러므로 추천인은 그리스도인이라면 반드시 정독해야 할 책이라고 확신합니다.

추천사 2

안 창 국 교수
침례신학대학교 기독교교육학 겸임교수
라이트하우스고양교회 담임목사
전) 독일 드레스덴한인침례교회 담임목사

　마르틴 루터는 종교개혁자로 잘 알려진 인물인데, 루터의 종교개혁은 대부분 종교개혁자가 그러했듯이 투쟁이나 봉기(蜂起)로 이뤄진 것이 아닙니다. 루터의 깊은 말씀 묵상이 종교개혁이란 결과를 가져왔습니다. 신학자였지만 전통적으로 내려오는 신학의 답습(踏襲)이 아니라, 성서 말씀을 깊이 묵상하는 가운데 성서의 진리를 제대로 발견했기에 종교개혁이란 위대한 결과물을 만들어 낸 것입니다. 그렇기에 마르틴 루터가 어떻게 하나님의 말씀을 묵상했는가를 엿보는 것은 매우 중요한 의미가 있습니다.
　저는 마르틴 루터가 종교개혁을 일으킨 비텐베르크(Wittenberg)에서 멀지 않은 드레스덴(Dresden)이란 곳에서 20년 가까이 사역하면서 비텐베르크를 비롯하여 마르틴 루터와 관련한 도시를 자주 방문하였지만, 이렇게 마르틴 루터가 쓴 묵상법을 한국어 번역본으로 대하니 너무 감격스럽습니다. 지금도 우리는 마르틴 루터의 묵상법을 큐티 묵상할 때 이미 많이 사용하고 있습니다. 그러나 그것이 마르틴 루터의 묵상법이란 것을 모르는 분이 많습니다. 이 책을 통해 루터의 묵상법을 자세하고도 더 깊이 있게 살펴볼 수 있으니 너무 좋습니다.

본서 편역자는 신학교에서 제가 하는 강의를 수강한 적이 있습니다. 매우 신중하고도 심도있는 생각을 많이 가지고 있어서 눈여겨보았고, 그때 이미 초판을 받아 읽으면서 신선함을 느꼈습니다. 그런데 이번에 개정증보판을 내면서 좀 더 자세한 해설까지 담아내었기에 더욱 좋은 자료가 되었습니다.

그리스도인들은 반드시 성서 묵상을 통해서 신앙생활을 해 나가야 하는데, 성서 묵상에 있어서 본서가 매우 깊은 통찰력을 줄 수 있으리라 믿으며 기쁘게 추천합니다.

추천사 3

정 춘 오 교수
한국침례신학대학교 겸임교수
현대목회실천신학회 초대 회장
목원교회 담임목사

한국침례신학대학교 학부에서 예배학을 가르칠 때, 유난히 눈에 들어오는 학생 한 명이 있었습니다. 진지함과 열정이 엿보이는 사람이었습니다. 이 시대를 따르지 않고 하나님이 주신 선하신 뜻을 이루고자 20대에 벌써 교회를 세울 계획을 가지고 있는 사람이기도 했습니다.

어느 날 그는 자신은 감춰지고 마르틴 루터만 돋보이며 루터가 심혈을 기울여 내놓은 묵상법에 대한 내용만 도드라져 보이기 원하는 마음을 담아 역본을 보내왔습니다. 역자의 서문을 읽어 가면서 마음에 울림이 일어났습니다.

'하나님의 말씀을 어떻게 묵상해야 하나님의 선하신 뜻을 보다 더 잘 깨달아 알 수 있을까?'

여기에 대한 질문을 던지고 답을 찾아가는 역자의 노력을 통해 성도들에게 영적 유익을 주고자 함이 느껴졌기 때문이었습니다.

"복 있는 사람은." 이렇게 시작하는 시편 1편 말씀이 생각납니다.

> 오직 여호와의 율법을 즐거워하여 그의 율법을 주야로 묵상하는도다.

루터가 하나님의 말씀을 묵상한 결과, 그 어떤 시련에도 굴하지 않고 종교개혁의 길을 걸었던 것처럼, 역자의 눈물 어린 수고를 통해 우리에게 선물로 다가온 이 책이 하나님의 말씀을 묵상하는 법을 터득하고자 하는 이 시대에 빛처럼 소금처럼 살아가는 성도들에게 도움이 되기를 기대합니다.

본서를 접하는 모든 분이 하나님의 말씀을 가까이하고 즐거워하며 묵상하는 법을 알고 실천해 가면서 좋은 결실 보기를 기원합니다.

추천사 4

김용국 교수
침례신학대학교 역사신학 교수
사랑의교회 협동목사

 본서는 최초의 루터의 전집이라고 할 수 있는 1539년 비텐베르크판 제1권에 수록된 루터의 묵상법에 관한 글입니다. 루터가 성도들에게 가르친 묵상법은 로마가톨릭의 금지와 반대에도 불구하고 독일어 성서를 사용한 묵상법이었습니다.

 '오라티오, 메디타티오, 텐타티오.' 흔히 '렉시오 디비나'로 불리는 묵상법은 개신교회에서 자국어 성서를 실행한 묵상법입니다. 여러 묵상이 난무하는 이 시대에 개신교회의 전통적인 묵상 방식을 소개해 준 역자이자 해설자에게 깊은 감사의 마음을 전합니다.

추천사 5

이 원 평 목사
춘천돋움장로교회 담임

 정말이지 이런 글은 하나님과 친밀한 관계를 유지하지 않으면 나올 수 없습니다. 루터의 신학과 경건에는 활력이 넘칩니다. 또한, 루터는 자신에게 불어닥친 쓰라린 역사적 시련들을 온몸으로 버텼습니다. 이 짧은 글은 그 비밀이 루터의 성서 읽기와 묵상에 있다는 사실을 잘 보여 줍니다.
 우리는 이제 개신교 묵상의 근원에 직접 다가설 수 있게 되었습니다. 또한, 루터 특유의 숨소리를 가까이서 들을 수 있게 되었습니다. 우리 시대의 혼탁한 경건과 성서 묵상의 현실을 보며 안타깝게 여긴 역자께서 그 일에 수고해 주셨습니다. 심혈을 기울인 번역으로 그것을 가능하게 해 주신 편역자께 깊이 감사드립니다.

추천사 6

이 상 욱 전도사
세종시민교회 전도사
『태초에 하나님이 천지를 창조하시니라-제1권』 공동 저자

 무명의 묵상가를 자주 만났던 시기는 도서관을 빈번하게 다녔던 때입니다. 제가 도서관에 가는 날이면 그가 늘 먼저 와 있었습니다. 그는 늘 많은 책을 가까이했습니다. 우리는 많은 신학 이슈들로 대화를 채워 갔는데, 그와의 대화는 늘 즐거웠습니다. 매번 느끼지만 그의 삶은 늘 심플했고 어렵게 받아들이는 것이 없었습니다. 그래서 그와의 만남도 부담 없으며, 무겁지 않았지요. 그럼에도 깊이가 있는 사람이었습니다. 타인의 말과 글을 늘 진심으로 받아들이지만 자신의 말은 먼저 앞세우지 않았습니다. 다시 말해, 감춰져 있었지요. 역자의 글을 보면 그의 깊이를 알 수 있습니다. 이 책이 그 깊이를 증명해 줄 것입니다.

마르틴 루터가
직접 쓴 묵상법

16세기 독어본 번역 및 해설
개정증보판

*Martin Luther's Method for Meditation: With Commentary and
Translation of the 16th Century German Edition*
Edited translation by unknown meditator
All rights reserved.
Korean Edition Copyright ⓒ 2024 by Christian Literature Center, Seoul, Korea

마르틴 루터가 직접 쓴 묵상법

2023년 03월 09일 초판 발행
2024년 08월 20일 개정판 발행

지 은 이 ｜ 마르틴 루터
편   역 ｜ 무명의 묵상가

편   집 ｜ 오현정
디 자 인 ｜ 서민정, 소신애
펴 낸 곳 ｜ (사)기독교문서선교회
등   록 ｜ 제16-25호(1980.1.18)
주   소 ｜ 서울특별시 동대문구 천호대로 71길 39
전   화 ｜ 02-586-8761~3(본사) 031-942-8761(영업부)
팩   스 ｜ 02-523-0131(본사) 031-942-8763(영업부)
이 메 일 ｜ clckor@gmail.com
홈페이지 ｜ www.clcbook.com
송금계좌 ｜ 기업은행 073-000308-04-020 (사)기독교문서선교회
일련번호 ｜ 2024-88

ISBN 978-89-341-2724-6(30230)

이 책의 출판권은 (사)기독교문서선교회가 소유합니다.
신저작권법에 의하여 한국 내에서 보호를 받는 저작물이므로 무단 전재와
무단 복제를 금합니다.

개정증보판

16세기 독어본 번역 및 해설

마르틴 루터가
직접 쓴 묵상법

마르틴 루터 지음
무명의 묵상가 편역

| 목차 |

추천사 **정승태 교수** | 한국침례신학대학교 종교철학 교수 외 5인 1

개정증보판 서문　　　　　　　　　　　　　　　17
초판 서문　　　　　　　　　　　　　　　　　27

성서 약어표　　　　　　　　　　　　　　　　30

제1장 해설　　　　　　　　　　　　　　31

1. 배경 해설　　　　　　　　　　　　　　　32

　1) 경제적 상황　　　　　　　　　　　　　35
　　(1) 최초의 인플레이션　　　　　　　　　35
　　(2) 상업 발달　　　　　　　　　　　　　36
　　(3) 인쇄업 발달　　　　　　　　　　　　39
　　(4) 제지업 발달　　　　　　　　　　　　41
　2) 정치적 상황　　　　　　　　　　　　　49
　3) 교회적 상황　　　　　　　　　　　　　51

4) 시대적 정신   59
    (1) 르네상스   59
    (2) 휴머니스트(Humanist)   63
  5) 종합   67
    (1) 기득권자들의 통제 실패   68
    (2) 개신교 신앙을 주류로 끌어올린 루터의 당부   69

2. 본문 해설   71

  1) 교부들과 공의회의 저작들에 대한 비판   71
     (그리고 교황에 대한 비판)
    (1) 종합   74
  2) 성서를 연구하는 방법   74
    (1) 오라티오   78
    (2) 메디타티오   89
    (3) 텐타티오   99
    (4) 종합   101
      ① 가르침에 대하여   101
      ② 개신교회의 유산   102

제2장 본문과 번역본   105

참고 자료   138

부록 I 현대인들을 위한 묵상 가이드   142

부록 II 루터 구약성서 목록   150

부록 III 원본 이미지   153

부록 IV 16세기 독일어 옛 표기, 고어, 사어, 변형 등   159

  1. 알파벳   160

  2. 단어 변화   162

    1) 숙어 변형   169

    2) 결합어 변형   169

  3. 주해   170

    1) 본문 인쇄체   170

    2) 옛 표기, 고어, 사어, 변형   171

개정증보판 서문

번역판을 처음 내던 당시, 필자의 소극적인 목적은 그저 이 루터의 묵상 방법론에 대해서 지인들과 나누어 개신교 세력의 출발이라고 할 수 있는 인물의 묵상 경건 활동에 대해서 엿보는 것이었다.

적극적인 목적 역시 있었다. 이 루터의 묵상 방법론은 루터 이전부터 시작된 것으로 그 기원은 구약성서로까지 올라간다. 또한, 교부들의 문헌뿐 아니라 중세 문헌에서도 그 흔적을 찾아볼 수 있다. 필자는 이후 개신교회 선대들 또한 이 방법론을 즐겨 사용하고 교육한 궤적을 살펴 해설함으로 참된 기독교회의 성서 묵상 방법론이 무엇인지 생각해 보도록 하고 싶었다. 여기서 더 나아가 이런 의문을 제기하고 싶었다.

'현재 우리가 사용하고 있는 QT 책을 비롯한 모든 묵상에 관해 가르치는 기독교 서적 및 교재가 권장하고 있는 묵상 방식이 과연 기독교적일까?'

더 거시적인 목적도 있었다. 그것은 앞으로 만들 묵상에 관한 책에 어느 정도의 분량을 루터의 묵상 방법론으로 할애해 기재하는 것이었다. 사실, 이 목적이 출판을 생각하기도 전에 번역을 해 보자고 기획하게 한 동력이었다. 왜냐하면, 묵상에 대해 가르치는 루터의 글 중에 16세기 독어본 번역본은 물론이고, 영어판 번역본도 없었기 때문이었다.

필자는 어렸을 때부터 '어떻게 묵상을 해야 하는가'에 대해 고민해 왔다. 묵상을 하면서도 늘 의심했다.

'과연, 내가 하는 이 방식이 맞는 걸까?'

또한, 많은 교회 지도자에게 묵상 방법에 관해 묻기도 했다. 그러나 2,000년간의 기독교 묵상에 대한 기록들과 마주하면서 필자는 또 다른 종류의 생각에 잠기고 말았다.

묵상과 관련한 책과 QT 교재가 넘쳐나는 이 한국 기독교의 상황에서 기독교 정통적 묵상론에는 정작 거의 관심이 없는 현실을 보았기 때문입니다.

이뿐인가?

자신들이 하고 있는 묵상 방법이 과연 맞는가에 대한 물음조차 없는 신앙인들의 모습을 보며 많은 생각을 하게 된다.

개신교계의 책들 가운데 일부는 '렉시오 디비나'라는 묵상 방식을 다루고 있다. 국내 저자들의 책뿐 아니라 많은 해외 도서조차 개신교회가 회복시킨 묵상 방법이 렉시오 디비나라는 사실을 전혀 모르는 것 같았다.

가톨릭이 개신교회의 렉시오 디비나 방식을 배웠다. 그런데 국내 개신교회가 렉시오 디비나를 가톨릭에 가까운 묵상 방식처럼 여기며 거부감을 갖는 현실을 볼 때면 분통이 터지기도 한다.

이런 필자에게 참된 묵상 방식과 그것을 통한 하나님과의 참된 교제를 회복시키고자 하는 강한 열망이 생겼다. 그리고 개신교회가 종교개혁과 함께 지속해서 참된 묵상 방법을 회복시켜 왔음을 드러내고 싶었다. 그 열망의 발현이 바로 루터가 기록한 묵상 방법론을 번역하는 것이었다.

솔직히 처음엔 기독교한국루터회를 향해 불만을 토로하기도 했다. 그들의 기저에 깔린 정체성이 루터에 기반한 것이라면, '이 작업은 사실 그들이 해야 하는 것이고, 16세기의 독어를 한국어로 원만히 번역할 사람도 그 교파에서 양성해야 하는 것이 아닌가' 하는 생각이 들었기 때문이다.

현재까지도 루터의 모든 저서가 번역되지 않았고, 번역된 저서 중 상당은 원문이 아닌 영어판에서 번역이 이루어졌다는 사실 역시 마음을 불편하게 만들었다. 하지만, 그들의 교세 한계 때문에 어쩔 수 없었겠구나 싶었다. 섣부른 책무 유기라는 평가는 하고 싶지 않았기 때문이다.

어쨌든 번역을 결심한 까닭은 다음과 같다.

먼저, 묵상에 대한 2,000년간의 정통적 방법론이자 개신 교회가 회복시킨 묵상 방식을 되찾고 싶었다. 그다음, 내 주변인들과 나누고 싶었다.

무엇보다 번역본에 대해서 좀 더 개정할 필요성을 느꼈다. 말 그대로 주변인과 나누기 위한 내용이었기에 초판본에는 투박한 부분이 많았고, 같은 이유로 굳이 다듬을 필요 또한 느끼지 못했으나 이참에 좀 정리해야겠다는 생각을 하게 되었다.

초판본 출간 이후 알지 못하는 이들에게 연락이 오는 등 예상외로 큰 관심을 받기도 했다. 당혹스러움과 감사함이 교차하는 순간들이었다.

또한, 독어에 능숙한 이들에게도 질문을 받았다. 어떻게 16세기 독어를 번역했는지에 관한 내용이었다. 이 부분에 대해서는 이미 초판본 서문과 부록에서 다뤘으나 이해를 돕기 위해 첨언하고자 한다.

필자는 독어에 능숙하지 않다. 초판본 서문에 "학위 공부를 할 때 독어 독해를 했다"고 썼는데, 이는 기본 독어 문법책을 끼고 필요한 독어로 된 자료 일부분을 더듬더듬 번역하는 정도였을 뿐이다.

그렇다면 어떻게 16세기 독어를 번역할 수 있었을까?

필자는 전공학과에서 배운 고대 히브리어, 고대 그리스어와 같은 사어 혹은 고대어 번역 방식을 사용했다. 그것은 단어 하나하나를 문법분해, 곧 'PARSING'하여 번역하는 방식이다. 이는 어떤 유창한 독어 능력이 필요한 것이 아니다. 지금은 없는 사어나 변형어가 어떤 단어이고 어떤 문법이 사용되었는지 찾는 과정이다.

초판에서도 언급했지만 번역한 본문에는 어려운 문장 규칙이 사용되지는 않았다. 현대 기본 문법책만으로도 충분히 이해할 수 있다. 어려운 것은 본문 단어가 동일한 현대의 단어와 비교했을 때, 알파벳 한두 개가 다르던가 안 쓰는 알파벳을 사용하는 경우로 변형된 단어가 등장할 때다. 더 어려운 것은 지금은 아예 쓰지 않는 사어가 등장할 때다. 필자는 한 단어, 한 단어 문법분해하는 것에 사활을 걸었고 대부분의 문제는 마르틴 루터가 번역한 1545년판 성서를 통해 해결할 수 있었다.

본문의 단어 대부분이 1545년도 루터의 성서에 쓰였고, 반형어와 사어도 마찬가지였다. 이에 필자는 루터의 1545년 판 번역 성서 두 가지 버전을 확인하며 문제를 해결했다. 고어와 약어가 그대로 있는 당시의 버전과 현대어로 수정된 버전, 두 버전을 대조하여 고어와 약어들이 현대어로 어떻게 변환되는지 참고하여 번역에 활용했다.

좀 더 자세히 말하자면, 본문에 등장하는 고어와 약어를 1545년판 루터의 성서에서 찾았고 그것을 어떤 현대어로 변환할 수 있는지 현대어로 수정된 버전을 통해서 확인했다. 다시 말해, 필자는 변형어와 사어가 그대로 나오는 당시의 루터 성서와 변형어와 사어를 현대어로 수정한 루터 성서를 비교하여 변형어와 사어가 어떤 단어였는지 찾아냈다. 이것은 본문을 영어로 번역한 영어 번역본에서 오역된 단어를 찾아낼 수 있게 했다. 이 부분은 본문의 각주를 잘 보면서 한 번 찾아보시기 바란다. 최대한 자세히 설명했으니 이해가 잘 안 간다면 무슨 말인지 천천히 읽어 볼 것을 권한다.

어쨌든 이러한 번역 과정은 필자보다 훨씬 독어에 능통하고 이 번역본을 감수한 전문 독어 감수자들조차 관심을 보이며 필자에게 번역 방법을 물었다. 더불어 필자의 이런 노력을 대단하다고 평가하였다. 감수자들에게 번역에 대한 문제 제기를 받지 않고 오히려 호평을 받은 것에 대해서는 오직 주님께 감사할 뿐이다.

이 본문은 최초 한국어본인 이유도 있지만 주변인들의 요구를 수용하여 최대한 직역을 고수했다. 직역에 불가피하게 따라오는 불성실한 번역 부분은 주변인들의 요구를 수용하여 될 수 있으면 각주를 통해 아주 세세히 설명하고자 노력했다.

'해설' 부분에 대해서 덧붙이자면, 원래 필자의 의도는 루터의 기록물이 본서의 주인공이기 때문에 될 수 있으면 해설을 짧게 끝내고자 했다. 해설이 주인공에게 가야 할 관심을 빼앗으면 안 된다고 생각했기 때문이다. 루터의 묵상 방법론이 2,000년간 기독교의 정통적 묵상에 일치한다는 부분에 대해서 독자들이 많은 관심을 가지고 감명받은 것에 대해서 감사함을 느끼지만 이 부분에 대한 질문이 유독 많았던 것은 이전 초판본의 해설이 부족하였기 때문이라고 생각한다.

사실, 해설 부분은 제작 중인 『2,000년간 기독교의 정통적 묵상』(가제)에서 더 심도 있게 다루려고 하였다. 그러나 주변인들과 상의한 결과, 자세한 해설이 오히려 주인공을 더 빛나게 만들어 줄 수 있을 뿐 아니라 루터의 묵상에 대한 가르침을 더 잘 이해하도록 가이드할 수 있겠다는 생각이 들었다. 더불어 제작 중인 교제는 워낙 다른 선조들의 기록물에 대한 해설도 많이 들어가므로 본서에서 해설을 추가해야 할 필요성을 더욱 느끼게 되었다.

또한, 이 본문이 쓰인 배경에 대해서 너무 함축적으로만 설명하여 전문 지식이 없는 평신도들에게는 이해하기 어려운 부분이 있다는 것을 알게 되었다. 그래서 그 부분도 좀 더 추가하였다. 따라서 본 개정판에서는 필요에 의한 해설들을 더 자세히 추가하고 인용구들을 더 삽입하였다.

개신교회는 그 시작부터 자국어 성서를 배포하며 성서 묵상을 가르쳤다. 루터의 묵상법은 본서의 해설에서 자세히 설명한 바와 같이 초대 교회에서부터 있었고 유대교에서도 사용한 방식이었음을 구약성서를 통해서 알 수 있다. 이렇게 유구한 역사를 가질 수 있었던 이유는 의외로 간단하다.

책이 귀한 시절, 통째로 책을 외워 버렸던 동서양을 막론한 책 읽기 방식과 거룩한 경전을 읽는다는 생각이 융합되어 자연스럽게 경건한 활동으로 인식되었기 때문이다. 이런 자연스러운 인식이 발전되고 기초적 기도의 방식으로 이해되어 이어 온 것이다. 이것을 증명하는 자료들을 우리는 교부들과 중세의 서적들을 통해서 찾아볼 수 있다.

그렇다면, 이 자료들을 통해 본서가 말하고자 하는 것은 무엇인가?

2,000년간 기독교 안에서 성서 묵상은 성서를 읽는 방법이자 하나님의 음성을 듣는 수단이요, 곧 기도였다. 우리의 선대들은 이것을 통해서 하나님의 음성을 들었다. 이 번역본이 부디 국내 신앙인들이 개신교의 정통적인 신앙으로 다가가는 것에 조그마한 도움이 되길 바란다.

마지막으로 이 개정증보판을 출판하는 데 있어 격려를 아끼지 않으신 대전화평침례교회 김영준 전도사님, 항상 의리를 아끼지 않는 새힘공동체의 김창우 형제님, 항상 필자의 지지자가 되어 주시는 정민훈 집사님께 감사를 표합니다.

또한, 출판에 대해 심도있게 상담해 주시고 편의를 봐주신 기독교문서선교회 이경옥 실장님과 오현정 편집자에게 감사를 표합니다.

더불어 초판본을 보고 페이스북을 통해 먼저 연락을 주시고 추천서를 부탁드렸을 때 흔쾌히 응해 주신 것은 물론, 바쁜 사역 중에 먼저 나서서 일면식도 없는 제 원고를 심도 있게 교정해 주신 춘천돋움장로교회 이원평 목사님께 진심 어린 감사를 표합니다.

무엇보다 하나님의 신실하신 돌보심에 감사드립니다.

"Cui est gloria in saecula saeculorum. Amen"(Gal 1:5, VUL).

"그의 영광이 세세토록 있을지어다. 아멘"(갈 1:5, 불가타).

2024년 1월, 구암동 연구실에서
무명의 묵상가

초판 서문

 필자는 참된 개신교회의 묵상을 위한 교육 교재를 만들기 시작하면서 여러 가지 주목할 점들을 발견하였습니다. 그중 초대 교회의 '경건 성서 활동', 곧 '성서 묵상'에 대하여 여타 교파를 막론하고 개신교회가 회복시켜 왔다는 것입니다. 그 회복은 자국어 성서 배포라는 혁신 이면에 암묵적으로 함께 따라붙을 수밖에 없는 것이었습니다.

 이 서문이 쓰여진 시기는 이미 성서가 폭발적으로 보급되었던 시기였고, 또한 그 성서 번역본에 대한 가톨릭 측이 거센 비판과 압력이 있었던 시기였습니다. 바로 그 시대 가운데 있었던 루터의 당부를 들을 수 있다는 것은, 우리의 안일한 신앙의 삶에 어떤 새로운 도전과 각성을 줄 수 있을지도 모르겠습니다.

 필자는 묵상 교재 집필을 위해 자료들을 모색하고 참고하던 중 루터의 글들을 모아서 전집으로 처음 출판하였던 1539년 비텐베르크판 루터의 전집 제1권의 서문에서 루터가 묵상에 대해서 가르치고 있다는 사실을 발견하였습니다. 이는 개신교회의 시발점에서부터(후스파를 제외하고) 이미 성서 묵상을 가르치고 있었다는 중요한 의미를 지니고 있다는 좋은 자료였습니다. 그러나 이 글에 대한 한국어 번역본을 찾을 수 없는 상황이었기에 학위 공부할 때 독어 독해를 했던 경험을 살려 직접 번역에 착수하고자 하였습니다.

원문의 분량이 많지는 않지만 당시 인쇄 서체와 고어, 약어들은 번역에 있어 예상외로 많은 시간을 할애하도록 만들었습니다(문법으로 인한 문제는 보다 크지 않았다). 이에 필자는 1545년판 루터 번역 성서를 두 가지 버전으로 확인하여 문제를 해결하였는데, 고어와 약어가 그대로 있는 당시의 버전과 현대어로 수정된 버전, 두 버전을 대조하여 고어와 약어들이 현대어로 어떻게 변환되는지 참고하여 번역에 활용하였다는 것입니다.

좀 더 자세히 말하자면 본문에서 등장하는 고어와 약어를 1545년판 루터의 성서에서 찾았고 그것이 어떻게 현대어로 변환할 수 있는지 현대어로 수정된 버전을 통해서 확인했다는 것입니다. 거의 대부분의 문제는 여기에서 해결을 보았습니다.

이 일들을 진행하면서 고독의 괴로움에 빠지지 않도록 저를 지지해 주시고 복음을 설파해 주신 은샘침례교회의 이병승 담임목사님께 감사를 표합니다.

 또한, 저의 지속적인 신학 활동의 지지자가 되어 주신 새힘공동체의 윤승훈 형제와 김창우 형제께 감사를 표합니다. 집필 기간 동안 저와 함께 계셨던 우정의 친구 이현용 전도사님께 감사를 표합니다. 제 첫 사역지에서 지역교회 지도자로서 모범을 보여 주신 아름다운길벗침례교회의 황계찬 담임목사님께도 감사를 표합니다.

 또한, 저의 신앙에 지대한 영향을 끼치신 저의 은사님, 계영수 목사님께 감사를 표합니다. 더불어 저의 영원한 지지자이신 정민훈 집사님께 감사를 표합니다. 무엇보다 지고하신 사랑의 하나님께 영광을 돌립니다.

2023년 1월, 구암동 연구실에서
무명의 묵상가

성서 약어표

HHL	Holladay Hebrew Lexicon
L45	Die Ganze Heilige Schrift Luther Bibel 1545
VUL	Latin Vulgate
WTT	Westminster Leningrad Hebrew old testament
새번역	성서 새번역판
개역개정	성서 개역개정판

제1장

해설

* * *

1. 배경 해설

이 본문은 1539년 비텐베르크에서 출판된 『몇몇 사도들의 서신에 관한 마르틴 루터 박사의 전집』(비텐베르크: 한스 루프트, 1539년. 이하, 루터의 전집)에[1] 수록된 서문이다.

1539년에 출판된 루터의 전집은 그가 쓴 책들을 최초로 엮은 것이며 이후 독일어로 제12권까지, 라틴어로는 제8권까지 출판되었다. 비텐베르크에서 지속적으로 출판된 이 시리즈는 주로 비텐베르크 에디션(Wittenberg Edition)이라고 지칭한다.

루터가 95개조 논제를 통하여 주목받기 시작한 해가 1517년이라는 것과 그가 죽은 시기가 1546년이라는 것을 감안한다면, 이 서문은 루터가 어느 정도 굵직한 사건들을 경험한 후에 작성한 글이라는 것을 알 수 있다.

---

1   Martin Luther, *Der Erste teil Der Bücher D. mart. Luth. vber etliche Epistel der aposteln*, Hrsg. von Justus Menius, (Wittemberg: Hans Lufft, M. D. XXXIX).

루터의 전집이 기획되고 출판된 것은 신성로마제국의 황제가 개신교 확산 방지 정책을 도모했음에도 불구하고 루터 진영이 확산 및 전성기를 이루었기 때문이다. 곧 여러 정황적 요인들이 맞물려 가능하게 된 것이다.

루터는 이 전집의 서문에서 성서 묵상에 대해 가르친다. 이 기록에서 그는 가톨릭에서 축적되어 오고 신학교에서 가르치던 교부들과 공의회 서적들을 거의 쓸모없는 것으로 묘사한다. 그러면서 성서를 연구하는 것이 훨씬 중요하다고 가르친다(루터는 수도원 전통에서 내려온 성서 묵상법을 성서 연구법으로 표현한다). 아이러니한 것은 교황주의자들에게 큰 고난을 받은 것이 다름이 아니라 성서 묵상 때문임을 밝히고 있다는 점이다.

루터가 당시 대중에게 성서 묵상을 가르치는 이 본문이 등장한 것은 많은 것을 의미한다. 일단 성서가 어느 정도 보급되어 있어야 한다. 이는 공급과 수요의 측면이 어느 정도 완비되어야 가능하다. 우리는 단순히 인쇄술 혁명에 대해서만 생각할 수 있지만, 엄밀히 따지면 기술적 진보보다는 수요의 측면이 훨씬 중요하다.

우리나라는 훨씬 이전부터 직지를 찍었다. 팔만대장경판이 대표적인 예다. 팔만대장경은 고려 시대 고종 23년(1236)부터 고종 38년(1251)까지 15년에 걸쳐 간행되었다.

그러나 대중화되지 못하고 더 이상 발전하지도 않았다. 이는 당시 독일의 수요자들처럼 열성 있는 불자들이 존재하거나 살 수 있는 여건이 되는 여유 있는 계층이 많지 않았다는 것을 의미한다.

그러나 루터의 시대는 달랐다. 종교적이고 정치적인 방해에도 불구하고 성서를 보급받고자 하는 의지가 강했다. 이는 자국어 성서 보급이 반드시 이루어져야 한다는 열의와 공감을 넘어선 대중의 열성적인 열심이 있었다는 것이다. 그리고 그것을 수용할 수 있는 인쇄소 사업군이 대규모로 형성되어 있었다.

이미 인쇄소의 인쇄물로 루터의 글들을 본 많은 대중이 그를 지지했는데, 특히 경제력 있는 시민층에서 더욱 그러했다. 그리고 그들은 루터의 독일어 성서를 수집하고 싶어 했다.

또한, 독일어 성서를 인쇄하는 인쇄소들은 기득권 세력의 통제를 뛰어넘었다(그들은 국가권력의 통제를 피하기 위해 지역으로 인쇄소를 옮기거나 지역에 있는 인쇄소에서 인쇄하였다. 또 지역 군주의 보호를 받으며 인쇄하기도 했다). 이러한 현상은 종교적이고 정치적인 방해에도 불구하고 성서를 보급하고자 하는 루터의 의지에 대한 대중적인 동의와 루터의 독일어 성서에 대한 대중적인 수집 욕구의 증명이었다.

이러한 운동이 일시적인 사건으로 마무리되지 않은 것, 곧 통제되지 않고 당시 가톨릭과 차별된 개신교에서 주장하는 신앙교육이 이루어질 수 있었던 것은 대중이라는 대규모 수요자들이 일어났기 때문이다. 여기에는 여러 가지 여건과 정황이 얽혀있다.

 가톨릭에 대한 대중적인 불만과 르네상스적인 시대정신이 어우러져 형성된 당시의 대중적인 욕구와 정치적, 경제적 여건 등이 충족되어 위와 같은 일들이 일어나게 된 것이다. 이에 루터의 본문이 등장하게 된 배경과 요인들을 살펴보고 그것들을 토대로 본문의 내용을 해설하고자 한다.

1) 경제적 상황

(1) 최초의 인플레이션

 15세기 말, 스페인이 아메리카 대륙을 발견한 이후 금과 은이 대규모로 들어오면서 스페인은 유럽의 최강대국으로 부상한다. 특히, 값싼 은의 엄청난 유입으로 인해 16세기 초부터 '최초의 인플레이션'이라 칭할 만한 물가 대란이 일어났다. 그러면서 역사학자들이 말하는 소위 '가격 혁명'이 일어났는데 이는 유럽 전역은 물론 독일도 예외는 아니었다.

밀의 가격이 3배가 올랐으니 대중의 생활고는 더욱 무거워져 갔다. 이에 황제의 종교인 가톨릭에 대한, 특히 돈을 소비해야 하는 면벌부[2]에 대한 루터의 비판은 독일 사회 전반의 주목을 받기에 충분했다. 루터에 대한 대중의 매우 광분적인 반응이나 그 분위기에 힘입어 일어난 농민들의 격분 이면엔 인플레이션이 있었다.

(2) 상업 발달

인플레이션이 덮친 가운데서도 원거리 상업이 발달했다. 그 중심에는 푸거상[3]들을 위시한 원거리 상업자들이 있었다. 원거리 상업자들의 활동으로 무역 상품들의 집산지가 형성된 남부 독일 도시들을 위시한 독일 전역의 도시는 거대한 번영을 누리며 풍요한 문화를 발전시켰다. 이로써 부유하고 정신적으로 활동적인 두터운 독일 시민층을 형성해 갔다.

---

2 또는 면죄부.
3 푸거(Fugger) 가문은 처음에는 모직물 거래를 통해 재산을 모았지만 나중에는 동양 사치품 거래(상업), 금융업, 광산업까지 하며 막대한 부를 쌓았다. 거래 범위는 전 유럽에 이르렀고 황제 막시밀리안 1세, 카를 5세, 교황 제후에게까지 돈을 빌려줄 정도로 성장한 거대 자본가 가문이다. 마인츠 대주교에게 돈을 받기 위해 면죄부 판매자에게 푸거가의 회계가 따라붙기도 했다.

특히, 독일 남부 도시들은 상업으로 주목할 만큼 크게 부상하였는데 이는 지리적 요건이 큰 영향을 주었다. 독일 남부는 거의 유럽의 중심에 위치하고 있다. 알프스를 넘어가면 밀라노와 베네치아와 같은 이탈리아의 부유한 대도시로 통할 수 있었고, 남북을 연결하는 또 하나의 주요 동맥인 라인란트가 바로 이웃이었다. 헝가리와 폴란드 평원으로 연결되는 동서 교역로도 남부 독일을 직접 통과했고, 오스트리아[4]와 헝가리 광산에도 쉽게 접근할 수 있었다.[5]

당시는 유럽 전역에서 원거리 상업이 발달하면서 유럽 대륙의 시장이 통합되는 시기였다. 오늘날로 보자면 네트워크상에서 시장이 글로벌화되면서 통합되는 것과 동일하다. 판매자와 소비자가 네트워크상에서 만나는 편리한 거

4　특히, 오스트리아에는 아래 언급하는 카를 5세의 아버지 막시밀리안의 국가 재정에 기반이 되는 광산인 티롤 광산이 있었다. 그는 전쟁을 위한 자금이 많이 필요했고 각주 3에서 언급한 푸거가의 자본을 대출하기 위해 티롤 광산에서 생산될 4만 플로린(florin) 가치의 은에 대한 권리를 보유했다. 1500년대 피렌체의 미숙련 일용 노동자는 하루에 10솔디(slodi)를 벌었으며 1플로린은 일용 노동자가 꼬박 14일을 일해야 벌 수 있는 돈이었다. 그때는 노동 인권이 약했다고 가정하고 하루에 9만 원을 번다고 생각할 때, 4만 플로린은 현재 가치로 504억 원 정도 될 것이다. 교황과 선제 후, 황제에게도 돈을 대출해 주었을 정도이니 그의 재력과 영향력은 실로 어마어마한 것이었다. 이에 대해 더 알아보려면 패트릭 와인먼, 『창발의 시대』, 장영재 역 (서울 : Connecting, 2023), 10-13, 157-162를 확인하라.

5　패트릭 와인먼, 『창발의 시대』, 140-141.

래가 보편화되면서 거래 공간인 네트워크는 필수 조건이 되고 데이터 통신망과 그와 연관된 사업들은 안정적으로 큰 수익을 얻을 수밖에 없는 구조가 된다(쿠팡이나 알리익스프레스를 생각해 보라).

당시 독일 남부의 도시들도 이와 같았다. 당시 유럽 전 대륙을 대상으로 한 교역 장소로 독일 남부는 상업의 집산지가 되었고 큰 자본을 거느리는 상업자들이 생겨났다. 그중 대표적인 예가 바로 "각주 3"에서 설명한 "푸거상"이다. 따라서 남부 도시들을 위시한 독일 도시들에서는 부유하고 정신적으로 활동적인 다수의 독일 시민층을 많이 형성할 수 있었다. 이는 각자 영지에서 토지를 배분받고 그에 따르는 대가를 지불하는 봉건제의 붕괴 현상이었다. 즉, 재정적 여유가 생긴 이들에게 글자를 배우고 공부할 수 있는 시간적 여유도 생긴 것이다. 이러한 경제적 변화와 르네상스라는 시대적 흐름이 맞물려서 인쇄술 혁신을 이루기 전부터 고전 독서에 대한 강렬한 열망과 욕구가 있었다.

루터 저작들의 가장 직접적인 수혜자들은 바로 이 시민층이었다.[6] 남부 독일의 부상과 함께 남부 독일을 위시한

---

6 루터 성서 모든 종류의 판매 부수를 수치상으로만 본다면 독일인의 24퍼센트에 해당하는 수에게 성서가 배포되었다. 당시 독일에서 글을 읽고 이해할 수 있는 문해인은 도시에만 5퍼센트 정도 되었을 것

독일 전역에 이 시민층은 두텁게 형성되었으며 본서에서 다루는 본문이 수록된 비텐베르크판의(루터 전집) 주요 수요자들 역시 독일의 시민층이었을 것이다. 서문을 보면 라틴어 문장이 몇몇 등장하는데, 이는 루터의 전집 주요 수요자들이 라틴어를 어느 정도 할 수 있을 만큼은 정신적으로 활동적인 시민층이었음을 반증하는 것이라 할 수 있다.

(3) 인쇄업 발달

구텐베르크의 금속활자 혁신은 쉽고 빠르게 하루에 수백 장을 인쇄할 수 있는 기술을 얻게 했고, 전 유럽의 인쇄업에 빠르게 영향을 주었다. 그는 1448년에 처음 성서 인쇄 작업을 시작했는데[7] 1400년대 말, 유럽의 대도시들에서 여러 개의 인쇄기를 보유한 인쇄소가 1,100곳이 넘었으니[8] 이 혁신은 유럽 전체에 영향을 끼친 사건이라고 할 수 있다. 이전에는 사본 제작을 위해서는 사람이 직접 한 자, 한 자, 필사하고 손으로 제본했다.[9]

으로 추정된다.
[7] 패트릭 와인먼, 『창발의 시대』, 221.
[8] 오토 루트비히, 『쓰기의 역사』, 이기숙 역 (서울: 연세대학교대학출판문화원, 2014), 270.
[9] 장동수, 『신약성서 사본과 정경』 (경기: 침례신학대학교출판부, 2010), 13.

당시 필사본 가격은 너무나도 비쌌고 일반인은 접하기도 어려웠다. 필사본 성서는 500굴덴에 달하였다고 하니 이는 일반 노동자의 연봉을 아득히 뛰어넘는 가격이었다. 그에 비해 인쇄본은 가격적인 측면을 대폭 감소시킬 수 있었다. 이는 르네상스의 바람을 탄 당시 독서의 욕망이 있던 시민층이라는 큰 수요의 시장에 맞아떨어졌다.

또한, 고전 학문에 대한 지대한 관심을 가진 시민층은 당시 유럽의 종교였던 기독교의 고전이자 핵심적인 문서인 성서에 대한 집중적인 관심이 생길 수밖에 없는 정황을 맞이하게 되었다. 마르틴 루터가 번역한 독일어 성서에 대한 독일 시민층의 폭발적인 수요의 저변에는 이러한 르네상스적인 시대적 흐름이 존재한다.

금속활자 기술이 이러한 수요에 대한 갈증을 해소하는 역할을 감당한다. 이 혁신적인 인쇄법은 12권에 이르는 대량 모음집인 루터 전집을 인쇄업자들이 큰 부담 없이 기획하기에 충분한 기반을 제공했다. 여기서 인쇄업 발달이 기여한 부분이 바로 '전파력'이다. 인쇄는 필사처럼 고되거나 시간 소요가 많지 않고 상대적으로 비용도 들지 않아서 국가나 국교회의 통제 없이 민간사업으로 영위할 수 있었다. 게다가 이미 전 유럽 도시에 인쇄소가 많이 퍼져 있었으니 루터의 95개조 논제가 전 독일과 전 유럽에 빠르게 전파될 수 있는 단초가 되었고 이로써 단시간에 루터를 유명인사로 만들었다.

(4) 제지업 발달

인쇄술 혁신에 가려서 인쇄물이 점점 저렴해진 이유 중에 많이 알려지지 않은 사안이 있다. 그것은 제지술의 발달이다. 제지술은 종이를 만드는 기술을 말한다.

종이는 89년경에 중국의 채륜이라는 사람에 의해 대마, 혹은 아마를 재료로 처음 만들어지게 되었다. 점차 발전과 유통을 거쳐 8세기경에는 아랍으로 전파되었고 십자군 전쟁을 통해 유럽에 전해졌다.[10]

12세기경에는 이 제지술을 통해 만들어진 종이로 성서가 최초로 제작되기도 했다. 그러나 인쇄술이 발달하기 전까지는 유럽에서 종이의 인기는 많지 않았고 성서 필사에 있어서 피지[11]를 주로 사용했다. 왜냐하면, 당시엔 인쇄술이 없었기에 성서를 제작하기 위해서는 사람이 손으로 직접 한 자, 한 자, 필사해야 했다. 그러니 책 한 권을 제작하는 데 몇 년의 작업 기간이 필요했다. 시간과 노력을 투자

---

10 장동수, 『신약성서 사본과 정경』, 16.
11 필사와 책 제작을 위해 쓰이는 소나 양의 가죽을 말한다.

한 만큼 그 한 권을 튼튼하게 오랫동안 보관하는 게 중요했을 것이다. 이에 종이에 비해 잘 찢어지지 않고 질기며 오랫동안 보관 가능한 피지를 선호할 수밖에 없었다.[12]

실례로 1145년부터 로제왕은(Roger II of Sicily) 전임자 재임 시절에 '코튼지'(carta cuttanea) 위에 작성된 모든 증서를 양피지 위에 베껴 쓴 후 폐기하라고 명령했다. 또한, 1231년에도 신성로마제국의 프리드리히 2세는 공문서를 작성할 때 종이 사용을 금지했다.[13]

노동력과 더불어 성서 한 권을 위해 수십 마리의 짐승이 죽어야 하기에 피지를 사용한 필사에는 굉장한 재력이 요구됐다.

4세기경 콘스탄티누스 대제가 교회사가 유세비우스에게 로마의 새로운 수도인 콘스탄티노플에 세워질 교회를 위해 성서 50권 필사를 요청한 것을[14] 보면, 성서 제작이 국가적 사업으로 진행할 정도로 규모가 큰 사업이었음을 알

---

12 이외 이슬람에 대한 적개감 때문에 더욱 사용하지 않았다. 이에 대해서 더 알고 싶다면 키스 휴스턴,『책의 책』, 이은진 역 (경기 : 김영사, 2019) 94-98를 참고하라.
13 뤼시앵 페브르 외 1명,『책의 탄생』, 강주헌 외 1명 역 (경기 : 돌베게, 2014), 53-57.
14 Eusebius, *life of Constantine*, IV,XXXEusebius, *Life of Constantine*, IV,XXX Translated by Averil Cameron and Stuart G. Hall (Clarendon Press · Oxford, 1999), 166-167.

수 있다. 황제가 새 수도의 교회들을 위해 책 제작을 요청하는데, 단 50권만 요청한 것을 미루어 볼 때 성서 제작은 그만큼 큰 규모의 사업이었던 것이다. 그렇기에 기독교 극초반에는 피지보다는 파피루스[15]가 사용되었다.

이후 기독교 규모가 어느 정도 증가하고 로마 황제 콘스탄티누스 대제가 진행한 성서 필사부터 피지가 사용되기 시작했다. 지금 남아 있는 고대 파피루스 사본 중 완벽히 보존된 성서 사본은 발견된 바 없다. 하지만 고대의 피지를 이용한 4세기경의 대문자 사본[16]인 '시내 사본'은 구약의 대부분과 신약성서가 그대로 보존되어 있다. 4세기경의 또 다른 대문자 사본인 '바티칸 사본' 또한 많은 부분 보존되어 있다. 이를 보았을 때 우리는 인쇄업 발명 전에 왜 성서 필사자들이 종이보다 피지를 선호할 수밖에 없었는지 이해할 수 있다. 하지만 인쇄술 발명을 통해 수요가 폭발적으로 증가하면서 점차 제지공장이 늘어나고 피지는 자

---

15 파피루스는 나일강 습지에서 대량으로 자라나는 갈대의 이름이며 이 갈대의 속을 가공하여 기록 재료를 만들었다. 위에서 언급한 중국으로부터 아랍을 거쳐 유럽에 전해진 종이와는 다른 것이다.
16 신약성서 사본 중에는 소문자 사본과 대문자 사본이 있다. 대문자 사본이 소문자 사본보다 초기의 것이며 대문자 사본은 띄어쓰기가 없고 모두 대문자로만 쓰여 있어서 대문자 사본이라 불린다. 이후 독서의 편의를 위해 소문자와 띄어쓰기를 첨가한 것이다.

취를 감추게 되었다.

 1450년 맨 처음 구텐베르크가 라틴 성서 초판본을 인쇄했을 때 양피지 책은 50굴덴이었고, 종이책은 20굴덴이었다.[17] 이 굴덴은 본서 "상업 발달"(36-39p)에서 설명한 남부 독일을 중심으로 유럽 중부와 북부에서 거래되던 라인 굴덴이라는 화폐였는데,[18] 이를 계산하면 종이책은 2,200만 원 정도 되는 것이고, 양피지책은 5,500만 원 정도인 셈이다.

 필사본은 훨씬 비쌌다. 당시 인플레이션으로 가격변동이 급격해져서 정확한 시기에 따른 가격을 알기는 어렵지만 대략 500굴덴 정도였다고 하니 약 7억 원 정도 되는 가격이라고 할 수 있다. 이는 성서가 얼마나 고가의 물건이었는지 알 수 있는 대목이다. 그러나 점차 제지술의 발달과 제지공장, 인쇄소의 증폭으로 약 20년 후인 1470년대

---

17 패트릭 와인먼, 『창발의 시대』, 224.
18 각주 4에서 말했듯 1500년대 1플로린은 140솔디 정도 되었다. 1플로린은 1.82굴덴이었으므로 1굴덴은 77솔디가 된다. 10솔디를 9만 원의 가치로 여겼을 때 1굴덴은 70만 원 정도가 된다. 비텐베르크가 처음 이 성서를 판매했을 때가 1450년경이었고 1500년대 초반부터 가격 혁명으로 물가 상승이 2-3배가 이루어진 것을 감안하여 계산하면 20굴덴은 2,200만 원, 50굴덴은 5,500만 원 정도로 계산할 수 있다. 이에 대해 패트릭 와인먼, 『창발의 시대』, 10-13을 참고하라.

에는 종이책의 가격이 4분의 1로 줄어들었다고 한다.[19] 대략 계산하면 성서 값은 550만 원으로 줄든 것이다. 종이책의 가격이 계속해서 줄어드니 1480년도부터 케임브리지대학은 양피지 책만 담보물로 받아 주었다.[20] 하지만 피지 사용은 사라져 갔다.

종이 인쇄본 성서는 지속적으로 가격 폭락을 겪었다. 가격 혁명이 일어난 시기이기 때문에 가격을 현대 가치로 환산하는 것이 쉽지 않고 이에 대한 기록도 많지 않다. 그래도 대략 환산해 보면 다음과 같다.

1534년 루터의 성서 완역판이 나왔을 때는 성서가 일반 노동자의 한 달치 월급 정도 되는 가격이었다고 한다.[21] 이를 220만 원 정도로 본다면 90년 전, 구텐베르크 성서에 비해 가격이 대략 90퍼센트 정도 하락한 것이다.

---

19 오토 루트비히, 『쓰기의 역사』, 272.
20 키스 휴스턴, 『책의 책』, 102.
21 책에 대한 가격 기록은 거의 남아 있지 않고 출판사의 계산서에도 날짜가 기록되어 있지 않아 가격 혁명의 여파 속에서 당시 책의 가격을 알아내기란 쉽지 않다. 그런데도 마틴 라이언스, 『책, 그 살아 있는 역사』, 서지원 역 (경기 : 21세기북스, 2011), 69에서는 이와 같이 말한다.

루터는 신약성서도 출판했는데, 그것은 분량이 적은 만큼 더 저렴했을 것이다. 어쨌든 당시 책 가격이 계속 폭락한 것은 일반적인 사실이다. 여기서 알 수 있는 것은 다음과 같다.

첫째, 인쇄업 이전의 필사본 성서는 일반인들은 소유할 엄두조차 낼 수 없는 것이었다.

둘째, 인쇄술과 제지술은 거의 100년 내에 책 가격이 90퍼센트 가까이 하락하는 데 깊은 영향을 미쳤다.

셋째, 책에 대한 폭발적 수요로 인한 인쇄소와 제지공장의 지속적인 발달과 확산은 정보 전파력의 발전을 견인했다.

만약, 직접 필사하거나 피지 대체품이 없었다면 저렴한 대량 인쇄물 보급은 어려웠을 것이다.

자국어로 성서 번역을 하고자 하는 이들은 루터 이전에도 있었다. 존 위클리프 성서와(1382년)[22] 후스파 성서가 (1466년)[23] 그것이다. 그러나 그것들은 루터의 성서나 이후 자국어 성서들에 비해 크게 주목받지 못했다. 전파력이 통

---

22 칼 호이시, 『세계교회사』, 손규태 역 (서울 : 한국신학연구소, 2012), 337.

23 https://ostbib.hypotheses.org/tag/hussitenbibel

제 가능했기 때문이다. 필사와 피지로는 대량생산이 불가하다. 하지만, 직지(直指)식의 인쇄술과 제지술은 대량생산이 가능하며 보존된 정보를 대량으로 인쇄할 수 있다.

루터의 성서는 그가 사망하기 전까지 총 50만 부가 완판되었다. 1500년경 독일 제국의 전체 인구가 1,200만 명 정도였고, 도시 문맹률만 95퍼센트 정도 되었으니 책을 읽을 수 있는 사람은 많이 잡아 6만 명 정도라는 계산이 나온다.[24] 나머지는 모두 남들이 읽어 줘야 했다.

그렇다면 글을 읽지 못하면서 성서를 구입한 44만 명은 누구인가?

이것은 책을 읽을 수 없더라도 책을 소유하고 싶어하는 욕구가 광범위했다는 것을 의미한다. 또한, 당시 아무리 도시가 발달했더라도 대가족이나 가문을 이루어 사는 이들이 대부분이었을 것으로 생각한다면 루터의 독일어 성서를 적어도 한 가정에 한 권 정도는 구비한 경우가 많았을 것이다. 글을 읽을 수 있는 사람들은 거의 성서를 접했고, 읽지 못하는 사람들은 주변에서 자국어 성서 구절이 낭독되는 것을 들었을 것이다. 더불어 고대의 방식처럼 기억에

---

[24] 우베 요쿰, 『모든 책의 역사』, 박희라 역 (경기 : 마인드큐브, 2017), 143-144.

남는 구절을 마음에 담아 묵상하는 일과를 보냈을 것이다.

루터는 이렇게 유명해졌다. 마치 TV 전파를 탄 유명인처럼 당시 최신 매체인 인쇄 종이책을 통해서 전 독일인들이 알게 되었다. 이에 인기 있는 루터의 저서를 모은 전집에 대한 독일인들의 수집 욕구는 커질 수밖에 없었다. 게다가 그것을 해소할 산업적 기반도 갖춰진 상태였으니 모든 게 완벽한 정황이 제공된 셈이다.

이러한 경제적 상황을 이해한 후 본서 115페이지를 본다면, 사람들이 왜 루터의 전집 출판을 기다리고, 나아가 수집하고자 했는지 쉽게 이해할 수 있다.

루터의 전집 원문에서는 이 부분을 "자, 그렇지만 저의 동의 없이 사람들이 현재 저의 책들을 모아서 출판되길 원하는 것을(나의 조그마한 영광입니다) 막을 수가 없어서, 저는 출판사에게 그 일에 관한 비용과 노동을 감수하도록 할 수밖에 없습니다"라고 적고 있다.

이 원문을 참고했을 때, 우리는 당시 루터의 전집에 대한 사람들의 열망이 어떠했는지 미루어 짐작할 수 있다.

2) 정치적 상황

당시 루터 진영은 신성로마제국 안에 속해 있었다. 당시 신성로마제국은 선거권을 가진 7명의 제후(선제후) 선거에 의해 황제가 선출되었다. 이전 황제였던 막시밀리안의 죽음으로 스페인의 왕이었던 카를 5세와 프랑스의 왕이었던 프랑수아 1세가 황제 후보에 올랐다.

결과적으로, 푸거가의 자본을 등에 업은 카를 5세가 선제후들을 매수해 황제가 되었다. 그는 엄격한 가톨릭 정신으로 옛 제국 재건, 옛 교회 유지, 이슬람 세력의 전복 등을 목표로 했다. 그래서 그는 보름스 제국회의(1521년)부터 시작해 제국 안에 개신교의 확산을 줄기차게 막아 왔다. 그런데도 황제는 제국에 많은 관심을 기울일 수 없었다. 카를 5세가 부단히 신경 써야 할 다음의 사항들이 있었기 때문이다.

첫째, 스페인의 왕으로서 아메리카 식민지를 관리해야 했다.

둘째, 제국 황제가 되지 못한 것에 앙심을 품은 프랑수아 1세와 옛 제국 건설의 야망을 가지고 있는 카를 5세의 이탈리아 영향력 확대를 위한 피할 수 없는 충돌들이 있었다(다섯 번의 이탈리아 전쟁들).

셋째, 튀르크의 위협이었다. 튀르크는 카를 5세가 속해 있는 합스부르크 왕가의 관할인 헝가리 부근에 지속적인 위협을 가하였고 벨그라드와 로두스를 점령했다. 특히, 1532년부터 근 10년간 카를 5세는 프랑스 및 튀르크와의 전쟁에 휘말려 있었다.[25]

당시 신성로마제국 중앙정부의 정치적 권위는 거의 해체 상태에 있었다. 당시 영주들과 제후들은 중앙정부로부터 열성적으로 자신의 특권을 지켰으며 가톨릭이건 개신교건 스페인인 황제가(카를 5세) 부과했던 잔혹한 굴종 요구를 증오했다. 루터교가 보름스 칙령에도 불구하고 거침없이 확산되었다는 사실은 중앙정부의 정치력 약화와 함께 종교개혁이 수많은 지방 영주와 연관되어 있음을 말해 준다.

특히, 작센의 선제후였던 프리드리히는 깊은 개신교 신앙인으로서 루터를 지지한 인물이다. 그는 죽기 전 무속적 가톨릭 예식을 거부하면서 복음을 고백하기도 했다. 어쨌든 황제의 계획들이 개신교 진영에는 매우 적대적이었기

---

25 칼 호이시, 『세계교회사』, 448.

때문에 개신교 영주들은 1531년 슈말칼덴 동맹을 체결하게 되었는데, 언급한 바와 같이 1532년부터 카를 5세가 전쟁에 휘말려 있는 근 10년 동안 개신교 연맹인 이 슈말칼덴 동맹은 전성기를 맞는다.

개신교 운동이 지속해서 새로운 지역들을 파고들면서 영역을 넓혔기 때문에 루터교는 전성기를 맞았고 흥왕하는 시기였다. 1539년에 루터에 대한 깊은 관심으로 전집을 만들고자 프로젝트를 기획한 것은 바로 개신교 진영의 전성기이자 평탄한 시기였던 이 시기에 이루어진 것이다.

3) 교회적 상황

가톨릭의 권위는 오랜 기간 여러 사건을 통해 지속적으로 하락했다. 십자군 전쟁 실패, 아비뇽 유수 이후 프랑스와 로마에 두 개의 교황청이 난립하며 벌어진 이중 교황제, 수많은 교황과 추기경, 성직자들의 비윤리적인 상태들에 힘입어 가톨릭에 대한 권위는 땅에 떨어지고 강력한 반발을 일으켰다. 이러한 일련의 권위 추락들로 인하여 교회는 이미 많은 신뢰를 잃었기 때문에 오래전부터 정치적 지배 세력이 아니었다.

교회는 강력하게 등장하고 있던 현대적이고 자율적 국가 세력 아래로 들어갔다. 이것은 루터가 등장하기 오래전에 지방교회 제도가 완전히 확립되었던 독일도 마찬가지였다. 이는 제후와 영주들이 가톨릭 대신 개신교를 선택할 자유를 상상할 수 있는 단초를 제공했다. 다시 말해, 국가 세력 아래에 들어가고 지방교회 제도가 확립되었던 것이 개신교를 선택할 자유를 상상할 수 있도록 한 것이다.

원래 중세의 종교적 열심은 주로 수도원으로 이동하도록 했다. 특히, 라틴어 성서를 통해 미사를 집전하니 일반인들이 성서를 통해서 할 수 있는 어떤 경건적인 활동이 별로 없었다.

글을 읽지 못해도 자국어로 말씀을 들어야 성서 구절을 되새기는 식의 묵상 방식이 이루어질 수 있는데, 라틴어 성서로는 그것이 불가했다. 이런 배경하에 종교적 열심을 위해서는 라틴어를 배워야 하는 등 시간을 많이 투자해야 했다.

또한, 책은 구하기도 쉽지 않고 너무나 비쌌다. 하지만, 수도원에서는 도서관을 운영했기 때문에 성서와 이외 교부들의 문헌 등도 접할 수 있었다. 이에 종교적인 열심은 오로지 자신의 시간을 투자하기에 적합한 환경을 제공하는 수도원을 통해서 해소하는 경향을 보였다. 이런 상황

속에 왜곡되고 화석화된 교회가 불러일으킨 종교적 불만족은 루터 이전의 얀 후스나 존 위클리프처럼 교회를 이탈한 활동들을 야기했지만 가톨릭 내부의 수도원 유입을 더욱 부추기기도 하였다.

이러한 종교적 정황과 문화는 루터의 종교적 열심이 루터를 아우구스티누스 수도원에 입회하도록 하기에 충분했다. 그리고 본문에서 발견할 수 있는(루터가 발견했던[26]) 아우구스티누스의 사상을 루터가 주목할 수 있었던 것은 바로 이러한 교회적 정황을 통하여 가능해진 것이다. 또한, 본서의 본문인 '루터의 서문'에서 발견할 수 있는 루터의 묵상 방법도 아우구스티누스 수도회를 통한 것일 것이다.

당시 교회는 교회법을 통해 이자를 금지했다. 이는 화폐경제의 억제를 야기했고, 상업과 금융업에 종사하는 시민층에게 가톨릭교회의 이자 금지는 큰 불편이었다. 상업과 금융업의 발달과 함께 부유하고 정신적으로 활동적인 시민층이 두터워질수록 가톨릭의 후진적 제도에 불만을 갖는 이들은 많아졌다. 따라서 루터의 반박할 수 없는 논리들을 통한 가톨릭 비판과 루터교회 건립은 이러한 시민층에겐 가톨릭의 대안책으로 확고한 지지를 받기에 합당했다.

---

26 본서 119페이지를 참고하라.

특히, 르네상스라는 고전 회복의 흐름은 종교적으로는 성서적인, 정통적인, 순수한 교회로 회복하고자 하는 사조에 영향을 주었다.[27] 이런 종교적인 고전 회복에 대한 의지는 성서의 내용을 알고자 하는 의지로 이어졌고, 더 나아가 성서 배포에 대한 욕구로 연결되었다. 이러한 흐름에 가장 중심이 되는 사건이 바로 '면벌부'이다. 루터는 면벌부 사건에 대해 침묵할 수 없었고 마인츠의 대주교인 알브레히트 신부에게 편지를 보내기에 이른다. 그 편지 일부를 보자.

> 선제후(알브레히트 대주교) 성하의 동의로 로마의 성베드로 성당 재건을 위한 교황의 면벌부가 전국적으로 시행되고 있습니다. 저는 제가 들어보지 못한 면벌부 설교자의 우렁찬 고함에 대해서 불평하는 것이 전혀 아닙니다. 그러나 틀린 의미에 대해서는 유감스럽습니다.
> 평범한 사람들은 불쌍한 영혼들이 그런 편지를 구매할 때 구원을 얻어 낼 수 있다는 믿음을 중요하게 여깁니다. 또한, 돈이 박스에서 짤그랑거리는 순간 영혼들을 연옥으로부터 데려간다는 것, 그리고 모든 죄가 심지어 복된 성모

---

27 칼 호이시, 『세계교회사』, 416.

를 모독하는 것조차도, 누구든 마음껏 불경스러운 말을 해도 면벌부 편지를 통해 용서받을 것이라고 믿습니다. 마지막으로 그들의 면벌부들을 통해서 사람이 모든 형벌로부터 자유로울 수 있다고 믿습니다!

오 사랑하는 하나님!

그 영혼들이 당신의 돌봄으로 피해를 받고 있습니다. 친애하는 신부님, 죽음의 길로 인도받고 있습니다. 이에 대해 그들은 당신에게 해명을 요구할 것입니다. 어떤 주교의 공로도 그에게 맡겨진 영혼들의 구원을 얻어 낼 수 없습니다. 어떤 주교도 하나님의 은혜가 항상 보장되지 않습니다. 사도는 우리에게 "두렵고 떨림으로 우리 자신의 구원을 이루어 나가십시오"라고 충고합니다. 그리고 생명으로 인도하는 길은 매우 좁다고 합니다. 그래서 주께서 아모스 선지자와 스가랴 선지자를 통해서 영원한 생명을 이룬 사람을 불에서 꺼낸 나무로 비유했습니다. 그리고 무엇보다 주님께서는 구원의 어려움을 지적하십니다. 그래서 저는 더 이상 침묵할 수 없습니다.[28]

― <알브레히트 대주교에게 쓴 편지> 중에서

---

[28] Martin Luther, *The Letter of Martin Luther*, Translated by Margaret A. Currie (Macmillan & Co., Limited St. Martin's Street, London), 17-18.

면벌부는 베드로 대성당 건축 비용이 모자라게 되자 교황청에서 발부한 증서이다. 루터는 면벌부의 의미가 성서와 불일치한다는 것에 대해 문제의식을 갖고 있었다. 면벌부로부터 시작된 그의 항의는 곧 교회의 고질적인 여러 문제를 개선하고자 하는 계기가 되었다.

그는 시간이 지남에 따라 평범한 사람들이 면벌부에 대한 잘못된 이해에 순응하는 것이 성서를 알지 못하기 때문이라고 확신했을 것이다. 그러므로 그는 자국어 성서를 통해서 모든 이들이 성서의 내용을 알길 원했다.

루터는 1521년 12월 18일 요한 랑(Johann lang)에게 보낸 편지에서 성서 번역과 그 의도에 대해 최초로 언급한다. 이때 그는 바르크부르크에 갇혀 있었는데, 요한 랑에게 보낸 편지 내용은 다음과 같다.

> 이 책이(성서) 모든 언어로 번역되어서 모든 사람의 마음과 손에 머무를 수 있기를 하나님께 기도드립니다.[29]
>
> - <요한 랑에게 보내는 편지> 중에서

---

29 *THE LETTER of MARTIN LUTHER*, 94.

루터가 이렇게 모든 이들에게 성서가 배포되길 원한 이유는 무엇인가?

그것에는 확실한 의도가 있다. 바로 온 교회가 순수한 고전적인 교회로 회복되게 하고자 함이다. 실제로 성서 배포는 성서를 읽는 고전적 교회 방식을 가르치고자 하는 의지를 갖게 했다. 왜냐하면, 책을 한 번 읽고 넘겨 버리는 경우가 있었기 때문이다.

> 당신이 그것을 한두 번 읽고, 듣고, 말한 것으로 충분하다고, 그것으로 핵심까지 모조리 이해했다고 생각하지 않도록 경계하십시오. 왜냐하면, 그 속에서는 결코 대단한 신학자가 될 수 없기 때문입니다. 그것들은 너무 빨리 떨어진 열매와 같습니다. 떨어지기 전에 그것은 설익었습니다.[30]

교회의 정통적인 성서 읽기 방식은 천천히 소리 내어 구절을 짧게 토막 내 반복하여 되뇌면서 묵상하는 것이었다. 성서 읽기는 곧 묵상이요, 기도였다. 이와 같은 방식은 문맹이어도 가능했다. 혹, 문맹이 아니더라도 성서가 너무 귀

---

30 본서 129페이지를 참고하라.

해 개인이 성서를 갖는 경우는 드물었다. 대신 교회는 '렉시오 콘티누아'(Lectio Continua)를 진행했다. 이는 매주 교회에 모여서 자국어 성서를 순차적으로 낭독하는 것이다. 그렇게 2-3년 정도 지나면 성서를 모두 통독하게 된다. 그래서 주일 낭독한 그 본문을 가지고 한 주를 살아갔으며 교회 전체가 한 본문으로 묵상할 수 있었다. 그러나 중세기로 넘어오면서 점차 선택한 본문만 읽히게 되고 2-3년에 걸쳐 성서를 통독하는 일은 점점 사라졌다.

또, 라틴어 미사(Roman rite)를 드리게 되면서 라틴어 성서만 사용하게 되었다. 이로써 성도에게 묵상이라는 개념이 사라지게 된 것이다. 이 묵상법은 일부 수도원을 통해서만 전승되었다. 루터는 이러한 고질적인 악습을 철폐하고 평신도들에게 성서를 배포하며 묵상을 장려하여 고전적 교회로 회복하고자 했다. 결과적으로 루터의 성서 묵상에 대한 가르침은 정통적 교회 회복 운동에 대한 산물인 셈이다. 이에 대해서는 본서 "성서를 연구하는 방법"(74-104p)에서 더 자세히 다루도록 하겠다.

당시의 신학은 모두 라틴어를 통하여 이루어졌다. 사실 신학뿐 아니라 이외 학문에서의 사정도 거의 같았다. 이런 시대상에서 루터는 일반인들도 읽을 수 있도록 신학적인 책들을 독어로 저작했다. 우리는 그가 신학자들이 읽을만한 책은 라틴어로 저작하고, 일반인들이 읽을 책은 독어로 따로 저작했던 사례를 남아 있는 많은 자료를 통해 확인할 수 있다.

  루터의 전집과 그에 수록된 오늘 본문이 독어로 기록된 것을 보아 이것들의 주 독자층을 민간으로 삼았다는 것을 알 수 있다. 아울러 여기에서 설명하는 묵상법도 마찬가지라고 할 수 있다.

4) 시대적 정신

(1) 르네상스

  15세기부터 시작된 르네상스는 사실 그 개념이 모호하다. 일치한 어떤 정신이 있었던 것이 아니기 때문에 이를 '운동'이라고 표현하기 힘들다. 그러나 중세에서 근대로 전환이 이루어지는 과도기적인 시기에 전 유럽적인 공통된 변화가 있었던 것은 부정할 수 없는 사실이다.

  15세기 초, 많은 휴머니스트들은 희귀한 고전적 라틴어, 고전적 그리스어 필사본을 재발견했다고 자랑했다. 그들은 자신이 발견한 것을 대단한 것으로 생각했지만 사실 그 고서적들은 찾기 어려운 것이 아니었다. 이전부터 도서관에 있었던 그 고전들을 대하는 태도가 달라졌을 뿐이다. 이전까지는 고전어를 애써 숙달하고 고전 문헌을 발굴하고, 확산시키는 일에 가치를 느끼지 못했는데[31] 사람들의 가치관 변화가 그 새로운 태도를 만든 것이다.

원래 고전어는 성직자들과 관련한 것이었다. 그러나 민간에서는 이미 인쇄술이 발달하기 직전부터 고전에 대한 탐구욕이 일어나면서 고전어를 애써 숙달하기 시작했다. 현재 남아 있는 필사본 70퍼센트 이상이 15세기에 제작되었으니[32] 이로써 필사 작업이 수도원을 넘어 민간에서도 많이 진행되었다는 사실을 알 수 있다. 이것은 민간의 고전 독서에 대한 열망의 반증이다.

이런 변화는 르네상스적으로 전환한 민간의 가치관과 연결되어 있다. 이는 전술한 바와 같이 상업 발달과 도시의 출현으로 두터워진 시민층 출현과 시기적 정황이 맞물린 결과라고 할 수 있다. 물론 이 시기 이전에 고전에 대한 의존이 없었던 것은 아니다. 중세에 비해 고전을 더 많이 탐구하게 된 것은 부정할 수 없지만, 중세에도 고전에 의존을 많이 하였다. 차이점이 있다면, 고전을 다루고 해석하는 중세의 접근 방식에 대한 회의다. 이런 회의가 일어

31　찰스 나우어트, 『휴머니즘과 르네상스 유럽문화』, 진원숙 역 (서울: 혜안, 2002), 37-39에서 <사고방식의 변화>를 참고하라.
32　오토 루트비히, 『쓰기의 역사』, 268.

난 기저에는 다음과 같은 원인이 있다.

먼저, 고전의 대중 전파다. 고전이 전파되며 규모 있는 권위에 대한 비판이 가능해졌다. 이는 중앙 집권 기관 외에서 정보의 범람이 일어난 이례적인 현상이라 이해할 수 있는데, 이를 통해 원전에 대한 비약과 왜곡을 담고 있는 권위자들의 중세적 해석에 대한 합리적 비판이 일어나기 시작했다.

마찬가지로, 이와 같은 이유들이 맞물려 권위로 해석되어야 했던 신성불가침 영역인 성서에 대한 해석 역시 비판의 대상이 된 것이다.

성서에 대한 민간의 접근은 기존 권위자들의 행동과 권위적 해석들에 대한 평가를 불러일으켰다. 이런 현상들은 루터의 주장이 담긴 출판물들과 그의 번역 성서 출판물이 인기를 끈 이유를 설명해 준다. 이는 루터가 공의회와 교부들의 책들, 히에로니무스를 비판하는 다음 내용을 통해서도 확인 가능하다.

> 큰 도서관들이 성서를 제외한 많은 책을 수집한 이후, 특히 온갖 교부들과 공의회와 교사들의 문서들을 아무런 분별없이 긁어서 모은 것을 통해 교회에 어떤 유익을 가져

왔는지 저에겐 훤히 보이기 때문입니다. 그것 때문에 성서 연구를 위한 소중한 시간을 놓쳤을 뿐만 아니라 신성한 말씀들에 대한 순수한 지식까지도 마침내 잃어버렸습니다.[33]

이 점에서 저는 성 아우구스티누스가 보여 준 모범을 따릅니다. 그는 다른 이들 중에서 처음이자, 거의 유일하게 교부와 성인들의 책들로부터 독립하길 원했습니다. 오직 성서에만 복종했기 때문에 그는 성 히에로니무스와 힘겨운 싸움을 벌였고, 그에게 그의 선조들의 책들을 통해 비난했습니다만 그는 돌아서지 않았습니다.[34]

이를 읽어 보면, 원전인 성서에 대한 누적된 해석을 무가치한 것으로 여기는 루터의 입장을 엿볼 수 있다. 민간의 많은 수요자가 성서 해석과 기존 교회에 대한 합리적인 이러한 루터의 새로운 관점을 담은 출판물들을 수집했다. 이는 당시 합리적 탐구를 중시하는 기존 르네상스의 흐름이 원전인 성서에 대한 새로운 합리적인 해석과 원전인 성서 자체를 대중에게 전파하고, 기존 부패한 기독교 신앙을 정화하는 것에 영향을 주었다는 사실을 알 수 있는 부분이다.

---

33 본서 107페이지를 참고하라.
34 본서 119페이지를 참고하라.

(2) 휴머니스트(Humanist)

이런 면에서 르네상스를 '문예의 부흥'이라는 관점으로만 접근한다면 굉장한 비약이다. 고전을 중세와는 다른 새로운 시각으로 접근해 해석하는 것을 르네상스라고 봐야 옳다.

르네상스가 고전의 참의미를 파악하는 것이라면, 이것을 주도한 이들은 누굴까?

그들은 바로 '휴머니스트'이다. 우리는 당시의 휴머니스트들에 대해 오해할 수 있는데, 그것은 현대에서 정의하는 인문주의(Humanism)와 혼란을 겪기 때문이다.

현대에서 정의하고 추구하는 인문주의는 '초자연적인 것과 초월적인 것에 대해 회의를 가지면서 그 대신 인간의 행복을 중심 과제로 여기는 윤리학의 현대적인 인식'이라고 할 수 있다.[35] 하지만 이것은 18세기 이후 현대에서 정의 및 추구하는 휴머니즘의 이념적 의미이다.

당시의 휴머니스트들은 신 존재에 대해 회의하지 않았다. 종교적 서적을 여러 권 출간하기도 했다. 당시는 휴머니즘이라는 어떤 철학적 이념이 없었다. 모든 휴머니스트가 공통으로 주장하는 어떤 포괄적인 철학 이론도 없었다.

---

35 서울대학교 人文科學研究所, 『휴머니즘 연구』, (서울대학교출판부, 1988), 1.

게다가 휴머니스트들의 저작은 대부분 철학과 어떠한 관계도 없었다. 당시에는 단지 '휴머니스트'라는 용어가 쓰이게 됐을 뿐이다. '휴머니스트'라는 표현은 교양과목으로 분류되는 문법이나 수사학 그리고 역사학 및 도덕철학과 같은 특별한 교양과목을 가르치는 교사들이나 대학교수들을 지칭하는 학생들의 은어였다.[36] 이들은 신학, 자연과학, 논리학과 같은 주류 학문이 아닌 비주류를 가르쳤다.

중세에 이르러 비주류였던 이 학문이 주류로 올라서기 시작했다. 이는 이탈리아의 피렌체, 베네치아, 밀라노와 같은 도시 공화국들에서부터 시작한 유행이었다. 귀족과 성직자로 구성된 중세 전통적 지배자들에게는 주목받지 못했지만, 이탈리아 공화국의 부유한 가문들은 후손들을 국가의 통치자로 키우는 데 있어 휴머니스트적 교육의 필요성을 느꼈다.

그들은 고대 로마 고전들을 이용해 사례를 들고, 웅변적 기예를 통해 정치적 토론에 참여하여 유리한 입장에 서야 했다. 이런 면에서 보면 그들에게 신학이나 자연과학처럼 절대적인 가치, 사실에 대한 직시보다는 실용성과 유용성이 중시된 것은 당연하다. 같은 이유로 이들에게는 수사

---

36 찰스 나우어트, 『휴머니즘과 르네상스 유럽문화』, 39.

학과 역사학, 도덕철학이 필요했다. 그들에게 유용한 것은 자연적 사실들을 기반으로 한 기본적 지식이 아니라, 현명한 도덕적 선택을 하는 것이었다.

이러한 교육적 이념은 비록 철학으로 성립되지는 못했지만 인간성에 대한 중요한 관점을 함축하고 있었다. 지성적 생활을 통해 실재적인 문제들에 대한 건전하고 도덕적인 선택의 추구는 권위에 종속되는 것이 아닌, 인간 스스로의 자주적 선택과 판단을 부추겼다. 이것은 부유한 유럽의 시민층들을 통해 유럽 전반의 흐름으로 확대되었다. 그러므로 휴머니스트들은 어떤 인간다움을 중시하는 이념이 있었다거나 그러한 철학을 주장하지 않았다. 다만, 인간의 자주성과 존엄성 향상을 부추겼다. 또한, 그들이 추구한 스스로 배우고 판단하는 인간상은 기독교 안에서 인간의 자유의지에 관한 관심을 갖도록 하는 것에 일조했다.

휴머니스트인 에라스무스는 인간의 자유의지론을 주장했다. 물론, 루터는 이 주장에 반대하였기에 에라스무스와의 불가피한 논쟁도 있었다.[37] 자유의지론은 신학적인 부분이기에 각자 자신의 교파 전통과 신학을 따라야 할 것이

---

[37] 김경한, 『르네상스 휴머니즘의 자유의지론』(경기: 태학사, 2006)은 르네상스 휴머니스트들과 자유의지론의 관계에 대해서 이해하기 쉽게 잘 정리해 놓았다.

다. 중요한 것은 인간이 스스로 배우고 판단하는 인간상이라는 당시의 휴머니스트적인 가치관이 인간 스스로 성서를 읽고 묵상하여 하나님께서 베푸는 감동을 수납할 권리, 한 인간으로서 당연한 그 권리를 상상하는 것에 분명한 영향을 끼친 것이다.

부정할 수 없는 루터의 공은, 이러한 권리를 실제적으로 회복시킴에 있다. 물론 산업적 한계로 성서가 모든 이들에게 배포되진 않았지만, 루터는 분명 모든 이들에게 자국어로 된 성서가 배포되길 원했다.

우리는 이미 1장의 "3) 교회적 상황"(51-59p)에서 인용된 1521년 12월 18일 "요한 랑에게 보내는 편지"에서 그 내용을 확인했다. 또한, 본서 111페이지에서는 성서를 번역한 의도를 성서 읽기와 연구라고 한다. 본문을 읽어 보면 알겠지만, 이는 성서 묵상을 의미하는 것이다. 그는 신자 개인이 성서를 통해서 하나님과 교류하며 그로부터 사랑의 메시지를 받기 원했다. 그리고 그럴 수 있다고 믿었다. 이는 인간이라면 누구나 그럴 권리가 있다는 신념에서 비롯된 것임이 분명하다. 물론 여기에는 다음과 같은 반론 제기가 가능하다.

'당시 문맹률은 도시에서도 95퍼센트에 이르렀기에 루터가 모든 농민이 성서를 읽고 묵상하는 것에 대해서 생각

하기 힘들지 않았을까?'

하지만, 그의 표현들과 행적들을 보았을 때 필자는 생각하기 힘든 그것을 추구했다고 본다. 그 이유는 다음과 같다.

첫째, 당시 신학 서적은 라틴어만 사용했는데 그는 독일어 글을 통해서 친근하고 이해하기 쉬운, 배려 깊은 표현들을 사용하여 신앙적인 책들을 출판했다. 본서를 통해 우리는 '루터의 서문'이 독어로 쓰인 것을 확인할 수 있다. 이로써 분명 신학자 외에 민간에게도 성서 보급을 확대하고자 한 루터의 의도를 분명히 알 수 있다.

둘째, 요한 랑에게 전한 편지가 이를 증언한다. 이 편지에서는 그가 직접 모든 이들의 손과 마음에 성서가 있기를 원한다고 썼다. 이 편지를 통해 루터가 문맹률이 높았던 정황에도 불구하고 모든 이가 성서를 읽기 바라는 이상적인 소망을 추구한 것을 확인할 수 있다.

5) 종합

지금까지 이 본문, 즉 『몇몇 사도들의 서신에 관한 마르틴 루터 박사의 전집』의 서문이 쓰인 배경을 경제, 정치,

교회와 시대적 상황별로 들여다보았다. 이를 거시적인 시각으로 정리하면 다음과 같다.

(1) 기득권자들의 통제 실패

당시 하나님의 섭리 안에서 루터의 메시지가 전파될 모든 정황이 갖춰져 있었다. 인쇄업과 제지업의 발달을 통한 전파 매체의 발달, 부유한 도시 시민층으로부터 시작된 르네상스적인 가치관의 유행과 그것을 통한 수요자들의 포진, 개신교 진영을 핍박하는 황제 권력의 약화, 더 부패할 수 없을 만큼 부패해 버린 교회가 그것이었다.

민간의 인쇄업자들은 가톨릭의 지침과는 상관없이 루터의 기록물들을 인쇄했다. 그것이 돈이 되기 때문이다. 이는 많은 이가 그것을 사고자 했다는 것을 의미한다. 기득권은 당시 인쇄업이 새롭게 시작된 산업이기에 통제하기 힘들었을 것이다. 그렇게 카를 5세와 가톨릭이 반대하던 루터의 주장은 인쇄업자들을 통해 민간에 전파되었다. 민간은 참된 기독교로의 회복을 원했고 루터의 주장은 그들을 설득했다.

"3) 교회적 상황"(51-59p)에 인용한 "알브레히트 대주교에게 쓴 편지" 내용을 통해서 알 수 있듯 루터는 자신의 양심상 교회의 부패를 도저히 견딜 수 없었다. 1517-1518년에 발표한 면벌부에 대한 95개조 논제와 루터의 설교문은 라틴어본과 독어본으로 전국적으로 퍼졌다. 또한, 유럽으로도 퍼졌다. 많은 대중은 루터가 가르치는 성서적으로 순수한 교회를 원한 것이다. 본서는 그렇게 루터를 따르고 루터의 가르침을 듣고자 하는 이들에게 들려주는 루터의 당부이다.

(2) 개신교 신앙을 주류로 끌어올린 루터의 당부

루터의 전집이 출판될 당시 독일에서는 루터를 모르는 사람이 거의 없었다. 루터의 첫 히트작인 95개조 논제는 (1517년) 독일에서 글을 읽고 쓸 수 있는 거의 모든 이들만큼 인쇄되었다.

오늘 본문이 수록된 이 전집이 출판된 1539년은 신약성서(1522년)와 구약성서(1534년)가 출판된 지 꽤 많은 시간이 지난 후였다. 당시 루터교는 수많은 사건을 경험한 후로, "2) 정치적 상황"(49-51p)에서 언급한 바와 같이 당시는 개신교 진영의 전성기였고 루터의 수많은 기록물이 단권으로 출판되었던 시기였다.

인쇄소는 루터의 글들을 엮어서 전집으로 만들어 판매하고 싶어 했고, 그 첫 열매가 바로 루터의 전집이다. 그리고 이 전집 프로젝트의 주도자들은 루터에게 서문을 부탁하게 되었는데, 그렇게 해서 쓴 것이 바로 제2장 "본문과 번역본"에서 소개될 서문이다.

그렇기에 이 '루터의 서문'을 통해 종교개혁 시작부터 이면에 있었던 많은 과업과 사건을 경험하며 성숙해진 루터가 느낀 바와 개신교회에 당부하는 지침들을 경험할 수 있다는 것에 큰 의미가 있다고 할 수 있겠다. 다시 말해, 이 서문을 통해서 다음의 것들을 엿볼 수 있다.

첫째, 루터는 그동안 자신의 글들에 대해서 어떻게 생각했는가.
둘째, 당시 루터가 교황과 교부들, 교회를 어떻게 생각했는가.

그러나 이 서문이 갖는 가장 큰 의의는 자신이 번역한 자국어 성서를 읽는 모든 이가 자신이 번역한 성서를 어떻게 사용하길 바라는지에 대한 당부와 지침을 경험할 수 있다는 것에 있다.

2. 본문 해설

이 서문에서 발견할 수 있는 특징적인 요소는 크게 두 가지이다.

첫째, 교부들과 공의회의 책들에 대한 신랄한 비판.
둘째, 루터의 성서를 연구하는 방법에 대한 지침.

이번 장에서는 이 두 가지 요소를 심층적으로 살펴보고자 한다.

1) 교부들과 공의회의 저작들에 대한 비판(그리고 교황에 대한 비판)

루터는 이 서문에서 교부들과 공의회의 저작들에 대해 여러 언어적 유희(소위 비꼬는 표현)들까지 가미하여 신랄하게 비판하고 있는 것을 볼 수 있다. 여기에는 다음의 경험이 투영되어 있다.

첫째, 자신이 신학에 몸담으면서 여러 교부의 저작들 때문에 성서에 주목하지 못한 경험이 투영되어 있다.

그는 젊은 시절, 자신이 느꼈던 죄책감으로 인해 많이 괴로워했고 교회 전통에 따라 여러 고행을 했다. 그러나 하나님의 은혜로 값없이 의롭게 된다는 로마서 3장 23-24절 말씀을 뒤늦게 발견한 후, 그는 자신의 죄책감으로부터 자유를 얻을 수 있었다.

둘째, 면벌부를 위시하여 가톨릭에 대한 비판을 받은 가톨릭파 성직자들과 논쟁한 경험들이 투영되어 있다.

특히, 그의 적대자였던 요한 에크는 라이프치히 논쟁에서 루터에게 교황과 공의회에 오류가 있을 수 있다는 답변을 받아 내면서 루터를 이단으로 낙인찍었다. 그는 교회에서 축적해 온 문서들에 기반하여[38] 루터에게 대항하였으나 루터는 성서적 근거가 없다는 것으로 반박했다.

또한, 루터는 자신과 가톨릭파 사이에서 일어난 이러한 논쟁에서 아우구스티누스와 히에로니무스 간에 일어난 논쟁을 상기했다.[39] 루터는 이러한 비성서적인 교회의 행태에 대해 본문에서 이렇게 피력한다.

---

38 본서 107페이지에서 루터가 잘 알고 있다는 그 부작용 중 하나일 것이다.
39 본서 119페이지를 참고하라.

> 큰 도서관들이 성서를 제외한 많은 책을 수집한 이후, 특히 온갖 교부들과 공의회와 교사들의 문서들을 아무런 분별없이 긁어서 모은 것을 통해 교회에 어떤 유익을 가져왔는지 저에겐 훤히 보이기 때문입니다. 그것 때문에 성서 연구를 위한 소중한 시간을 놓쳤을 뿐만 아니라 신성한 말씀들에 대한 순수한 지식까지도 마침내 잃어버렸습니다.[40]

 루터는 이런 두 가지 이유로 참으로 주목해야 할 성서를 가리는 교부들과 공의회의 저작들을 혐오했다.

 또한, 성서 이외의 저작에는 영향을 받지 않았던 아우구스티누스의 모범을 따르고자 했다. 여기서 주지해야 할 것은 자신의 저작들도 시대의 필요에 따라 주목받을 수 있지만, 교부들과 공의회의 저작들처럼 사라져야 할 것으로 보았다는 것이다.

 이처럼 루터는 자신의 저서를 포함한 그 어떤 저작이라도 성서를 가리면 안 된다고 생각했다. 이는 루터의 서문에 기록된 루터의 신랄한 비판을 통해 알 수 있다.

---

40 본서 107페이지를 참고하라.

(1) 종합

오늘 우리의 묵상이, 성서를 바라보는 태도가 여러 신학적이고 배경적인 지식에 가려져 있지는 않은가?

물론, 배경 지식이 있는 것은 좋지만 그것이 하나님과의 직접적인 교류에 장애가 된다면 이는 우리의 우상일지도 모르겠다. 지성적 측면이 없는 영성은 무속적이지만 영성이 없는 지성은 무너질 바벨탑과 같을지 모른다. 루터는 이에 대해서 다윗의 예를 들며 이렇게 말한다.

> 그는(다윗은) 모세의 본문과 다른 책들을 이미 잘 알고 있었음에도 매일매일 듣고 읽었으며 그는 변함없이 그 글(성서) 자체의 진정한 스승을(성령님) 모시길 원했습니다. 그는 결코 이해력의 함정에 빠져서, 스스로 스승이 되지 않도록 했습니다.[41]

2) 성서를 연구하는 방법

이 서문에서 발견할 수 있는 또 하나의 특징이 있다. 루터가 특별히 중요하게 권하고 있는 것이 있는데, 그것은

---

41 본서 125-127페이지를 참고하라.

바로 성서를 연구하는 방법이다.

루터는 독일어 성서가 보급되는 가운데 성서가 자신의 저서는 물론 그 어떤 교부들의 책보다 훨씬 중요하다고 강조한다. 그러면서 그는 성서를 번역했던 의도가 성서 연구와 읽기에 있었음을 밝힌다.

> 또한, 이곳에서 우리가 성서를 독일어로 번역하기 시작했을 당시 마땅히 글을 보다 적게 쓰고, 성서 연구와 읽기를[42] 보다 많이 해야 한다는 것이 우리가 바라던 우리의 목적이었습니다.[43]

이후 본문에서 루터는 성서를 연구하는 방법에 대해서 설명한다. 그가 설명하는 성서를 연구하는 방법은 바로 성서를 묵상하는 것이다. 루터는 성서 묵상을 연구로 보았다. 그리고 그 묵상하는 방법에는 성서를 읽는 방식도 포함되어 있다.

이는 무엇을 의미하는가?

성서를 번역한 루터의 목적이 바로 성서를 묵상하게 하

42　성서 연구와 읽기는 이후 소개하는 묵상법을 말하는 것이다. 그는 묵상법을 성서를 연구하는 방법으로 소개하고 있다.

43　본서 111페이지를 참고하라.

려는 데 있다는 것이다. 루터는 이 성서 연구 방법을 통해 얻을 수 있는 두 가지 사안을 서술한다.

첫째, 교회를 가르칠 수 있는 진정한 신학자가 될 수 있다고 했다.
둘째, 교부들의 책이 얼마나 열등한지 느끼게 될 것이고 말한다.[44]

그에게 있어서 설교에 필요한 연구는 교부들의 저서를 통한 방대한 지식 습득이 아니었다. 오직 성서를 주도면밀히 묵상하는 영성적 활동이었다.

루터는 세 가지 성서 연구 방법을 권유한다. 그것은 "오라티오"(Oratio), "메디타티오"(Meditatio), "텐타티오"(Tentatio)다. 루터의 이 방식은 12세기 프랑스 어느 수도회(카르투시오회) 원장이었던 귀고 2세가 제르바시오에게 쓴 "거룩한 독서"[45](Lectio Divina: 렉시오 디비나)에 관한 편지 내용과

---

44 교부들의 책들이 얼마나 진부하고 부패한 맛이 나는지 경험하게 된다고 말한다. 여기에 관해서는 본서 135페이지를 참고하라.
45 거룩한 독서(Lectio Divina)라는 단어는 6세기경 이탈리아의 베네딕토회에서 만들어진 <베네딕토 규칙서> 48장에 이미 기록되어 있었다. 이것과 12세기 프랑스의 귀고 2세의 기록, 본서의 기록을 생각할 때, 거룩한 독서라는 성서 묵상 활동은 서방교회에 광범위하게

유사점을 발견할 수 있다. 귀고 2세 또한 "오라티오"와 "메디타티오"라는 표현을 사용하고 있다.[46]

이 명칭은 루터에게로 이어졌는데, 루터가 말한 것과 유사한 묵상법에 관해서는 개신교회의 여러 선대의 글에서도 확인할 수 있다. 이를 통해 알 수 있는 중요한 사안이 있다. 그것은 교회에 내려오던 성서 묵상 활동이 개신교회에서 자국어 성서의 수혜자들에게 권고되었다는 것이다.

묵상의 기원을 공부하다 보면 알게 되는 것이 있다. 그것은 고대의 독서 방식에 신적인 글이라는 인식이 융합되어 성서 묵상이라는 경건 활동이 발생하게 되었다는 것이다. 이러한 인식은 유대교까지 올라가는데, 시편에서도 찾아볼 수 있다. 그렇기에 루터가 설명한 묵상 방식은 성서에서부터 교부들의 문헌, 중세 교회 문서, 루터 이후 개신교회 선대들의 저작에 이르기까지 묵상에 있어서 일치되

있었음을 확신할 수 있다. 하지만 루터가 말한 묵상법과 유사한 기록들은 성서는 물론 교부들과 개신교회의 선대들에 이르기까지 방대하다.

46 GUIGO II, *Epistola de vita contemplativa*, II, in: Translated by Edmund Colledge, James Walsh, The Ladder of Monks: *A Letter on the Contemplative Life and Twelve Meditations* (Kalamazoo, MI – Spencer, MA: Cistercian Publications, 1981) 68에서는 "meditation", "prayer"라고 표기되어 있지만 라틴어본에서는 "meditatio", "oratio"라고 표기되어 있다.

는 방법을 권고하고 있음을 자주 발견할 수 있다. 이에 대해서 더 자세히 살펴보자.

(1) 오라티오

루터는 먼저 오라티오에 대해서 말한다. 'Oratio'는 '기도'라는 의미의 라틴어 단어이다. 그는 성서를 읽기 전, 거룩하신 성령님께 도움을 청해야 한다고 말한다.

> 그 대신 당신의 골방에서 무릎을 꿇고 앉아서 올바른 겸손과 진심으로 하나님께 사랑하는 아들을 통하여 거룩한 성령님을 보내 주시도록 청하십시오.[47]

특히, 그는 시편 119편에서 '말씀을 깨닫게 하고 가르쳐 달라'는 다윗의 청을 인용하면서 이를 말하고 있다.[48] 여기서 우리는 성서를 단순히 정보 전달 매체가 아니라 거룩하신 성령님께서 메시지를 전달하시는 수단으로 본 루터의 시각을 알 수 있다.

이를 보다 정확하게 이해하기 위해서는 현대 기독교인들이 간과하고 있는 기독교의 핵심적인 사상을 이해할 필

---

47 본서 123페이지를 참고하라.
48 본서 123-125를 참고하라.

요가 있다.

말씀을 읽기 전 성령님께 도움을 청하는 이유는 그가 "진리의 성령"이기 때문이다(요 15:26). 그는 우리에게 모든 것을 가르치고 예수께서 가르친 모든 것을 생각나게 하신다(요 14:26).

기독교인들에게 유대교의 경전인 구약성서가 경전이 되는 이유는 무엇인가?

그것은 구약성서를 통해 그리스도께서 드러나기 때문이다. 이는 진리의 성령께서 깨닫게 하실 때 가능한 것이다. 구약성서는 그리스도를 가리켜 기록되었고(눅 24:44; 히 10:7) 이를 성령께서 증언하신다(요 15:26). 그러므로 유대인들은 율법을 깨닫지 못한 이들이 되는 것이다(요 7:49; 롬 7:9; 딤전 1:7). 그래서 복음서에는 율법을 모른다고 율법교사를 질책하시는 예수의 모습이 자주 등장한다.

성령 없이는 (구약)성서를 참으로 깨달을 수 없다는 신약의 이해는 하나님의 율법을 알아도 깨닫지 못했다고 하는 바울의 고백을 통해서 확실하게 알 수 있다(롬 7:9). 성서를 읽을 때 성령님이 필요하다는 이 사상은 기독교의 핵심 중 하나다. 또한, 이 사상은 시편 119편에서 다윗의 기도로 이어진다.

시편에서 다윗은 청한 말씀을 깨닫게 해 달라고 기도한다. 이런 이해를 바탕으로 기독교는 초기부터 성서를 묵상할 때 성령님께 도움을 청하도록 했다. 물론, 성령 하나님은 아버지의 영이자 그리스도의 영이시기 때문에 깨달음을 구할 때, 그 명칭은 다를 수 있다. 그러나 명칭의 문제는 중요한 것이 아니다.[49]

중요한 것은 영적인 깨달음을 위해 하나님의 도우심이 필요하다고 생각했고 그것을 위해 기도했다는 것이다. 4세기경의 교부 요한 크리소스톰의 기도문으로 여겨지는 고대의 기도문에는 이에 대한 다음과 같은 기록이 있다.

> 성부와 성자와 성령의 이름으로:
> 인류를 사랑하시는 스승님!
> 당신의 신적 지식의 순수한 빛으로 제 마음을 밝혀 주소서. 당신의 복음의 가르침을 이해할 수 있도록 제 마음의 눈을 열어 주소서. 또한, 당신의 복된 계명에 대한 사랑을 제 안에 심어 주소서. 제게 모든 육신적인 욕망을 극복할 수 있는 은총을 주소서. 그리하여 제가 당신을 매우 기쁘시게 하는 일을 생각하고 행하면서 영적인 삶의 방

---

[49] 성서에서는 성령을 "그리스도의 영"(롬 8:9)이라고도 표현하기 때문에 문제가 되지 않는다. 니케아 공의회에서는 교회의 신앙고백으로 삼위일체를 인정하면서 하나님의 영과 그리스도의 영을 성령 하나님으로 이해하였으며, 개신교회의 신앙 안에서 그 믿음은 동일하다. 이러한 이해 안에서 로마서 8장 9절을 읽어 보아라.

식에 더욱 완전하게 들어갈 수 있게 하소서. 당신은 우리 영혼과 육체의 빛이시니. 오, 우리 하나님 그리스도시여, 우리는 당신의 거룩하고 선하며 생명을 창조하는 영과 함께 당신께 영광을 돌리나이다. 지금과 영원히 그리고 세세토록. 아멘.

오, 주 예수 그리스도이시여!
이 땅의 한 나그네인 제가 당신의 말씀을 듣고, 이해하고, 행할 수 있도록 저의 마음의 눈을 열어 주소서. 당신의 계명을 제게 가리지 마시옵고, 경이로운 법들을 인지할 수 있도록 저의 눈을 열어 주소서. 감추어졌고 비밀스러운 당신의 비밀을 제게 말씀하여 주십시오.
오, 나의 주님!
당신의 지식으로 저의 마음과 이해를 밝히셔서 깨닫게 하여 주시기를 바랍니다. 기록된 것들을 소중히 간직하는 것뿐만 아니라 행하게 하여 주소서. 당신은 어둠 속에 누워 있는 자들의 깨우침이시며, 모든 선행과 모든 은사가 당신으로부터 옵니다. 아멘.[50]

– 요한 크리소스톰, <영적 본문을 읽기 전 기도문>

---

[50] http://www.saintgregoryoutreach.org/2010/01/prayers-of-st-john-chrysostom-before.html

교부 요한 크리소스톰은 성서를 읽기 전, 이렇게 하나님께 깨달음을 간청했던 것이다. 또한, 10세기경 카르투시오회의 수도승이었던 귀고 2세는 우리의 무력함에 대해서 이렇게 말한다.

> 영혼은 자신이 갈망하는 지식과 감정의 달콤함에 스스로 도달할 수 없음을 깨닫고 마음이 스스로를 낮출수록 하나님께서 더 높아진다는 것을 깨달아 스스로 겸손해지고 스스로 기도에 의지하여 말합니다. 주님 순결한 마음이 아니라면 당신이 보이지 않습니다. 저는 읽고 묵상함을 통해서 참되고 순수한 마음이 무엇인지 그리고 어떻게 그것을 얻을 수 있는지 찾고 있습니다. 그래서 그것의 도움을 받아 조금이라도 당신을 알 수 있기를 바랍니다.[51]
>
> – 귀고 2세, <관상생활에 관하여 쓴 편지> 중에서

귀고 2세는 이례적으로 말씀을 읽은 후에 깨달음을 구하는 기도를 드리도록 가르쳤다. 중요한 것은 이와 같이 고대와 중세에 이르기까지 말씀을 묵상할 때 하나님께 깨달음을 구하는 기도를 드렸고 이를 마르틴 루터가 그대로 받

---

51 GUIGO II, *Epistola de vita contemplativa*, VI, 72-73.

아들여 가르쳤다는 것이다. 그리고 그 이후 개신교회의 선대들은 성서를 깨닫기 위해서 성령이 필요함에 대해서 말한다거나 묵상 전에 성령께 청하는 기도를 해야 함을 말하는 것을 자주 볼 수 있다.

> 오직 성령님을 통하여 우리 마음에 그것(성서)이 인쳐질 때에야 비로소 성서가 우리에게 진지한 영향을 주게 되는 것이다.[52]
>
> – 존 칼빈, 『기독교 강요』 중에서

> 그러나 전 세계가 하나님이 그의 창조물들 안에서 그의 지혜를 나타내고 계셨던 상황 속에서 전혀 배우질 못했으므로 그는 사람들을 가르칠 또 다른 방식을 강구했다. 따라서 우리 스스로가 이해하고 있는 것을 비우기 전에는 우리가 하나님의 구원의 지식에 도달하지 못한다는 것은 우리의 과오로 여겨져야 한다.[53]
>
> – 존 칼빈, 『고린도인들에게 보낸 사도 바울의 서신에 대한 주석 제1권』 중에서

---

52 존 칼빈, 『기독교 강요(최종판) 상』, 원광연 역 (서울: 크리스천다이제스트, 2006), 91.

53 John Calvin, *Commentary on the Epistles of Paul the Apostle to the Corinthians*, vol. 1, Translated by Rev. John Pringle (Edinburgh: Printed for the Calvin Translation Society, 1848), 81.

그대는 이렇게 생각할 것이다. '…나의 눈이 닫혀서 볼 수 없다. 그리스도께서 보여 주시는 사랑의 기적이 있으나 나는 그것을 볼 수 없다. 하늘이 나를 위하여 예비되었으나 나의 마음은 하늘에 준비되지 못했다.'
그러므로 독자여!
이 명상으로 그대가 하나님을 향유하는 것을 보는 일은 그대 마음의 능력과 성향에 따라 크게 좌우된다. 그러므로 온 영혼으로 여기서 하나님을 구하라. 마치 그대가 큰 방에 더 나은 손님을 모시듯이 그리스도를 마구간과 구유에 던지지 말라.[54]

– 리처드 백스터, 『성도의 영원한 안식』 중에서

우리는 성령님께 우리와 우리가 아는 묵상하는 모두의 올바른 집중을 위해 기도로 청하며 묵상을 시작한다.[55]

– 디트리히 본회퍼, 『매일 묵상 지침』 중에서

이외에도 성령께 깨달음을 청원하는 기록들은 더욱 방대하다. 이러한 방대한 분량을 통해서 알 수 있는 것은 개

---

54 리처드 백스터, 『성도의 영원한 안식』, 김기찬 역 (서울: 크리스천다이제스트, 2019), 279.
55 Dietrich Bonhoeffer, *Anleitung zur täglichen Meditation,* in: hrsg. von Eberhard Bethge, *Gesammelte Schriften,* Band II, (München: Chr. Kaiser Verlag, 1959), 480.

신교회에서 촉발한 자국어 성서의 보급과 더불어 오라티오에 대한 루터의 지침이 성서 시대부터 시작된 정통적 방식이었으며 이후 자국어 성서를 통해 묵상을 가르치는 많은 개신교회의 선대들에게 동일하게 내려오는 지침이었다는 것이다. 이로써 루터가 가르친 오라티오는 성령 하나님을 통하여 성서에 대한 깨달음을 얻는다는 사상에서 실행된 2,000년간 기독교의 정통적 묵상법을 기저로 하고 있다는 것을 알 수 있다.

오라티오에 대해서 주목할 또 다른 특징이 있다. 그것은 바로 '골방'이다. 마르틴 루터는 오라티오를 위해 골방으로 들어갈 것을 권했다.

> 그 대신 당신의 골방에서 무릎을 꿇고 앉아서 올바른 겸손과 진심으로 하나님께 사랑하는 아들을 통하여 거룩한 성령님을 보내주시도록 청하십시오.[56]

2,000년간 기독교는 공동 묵상이 아닌 개인 묵상을 위해서 주로 골방을 찾았다. 6세기 초 베네딕토가 남긴 베네딕토 수도원 규칙서를 보자.

---

56 본서 123페이지를 참고하라.

XLVIII 매일의 육체노동에 대하여

1. 한가함은 영혼의 원수이다.
   그러므로 형제들은 정해진 시간에 육체노동을 하고
   또 정해진 시간에 성독(聖讀)을 할 것이다.
2. 따라서 우리는 이 두 가지 일들을 위한 시간은
   이렇게 배정되어야 한다고 생각한다.
3. 즉, 부활절부터 10월 1일까지는 아침에 '제1시 기도'를
   끝낸 다음 제4시까지 필요한 노동을 하고,
4. 제4시부터 '제6시 기도'를 마칠 때까지 독서에
   전념할 것이다.
5. '제6시 기도' 후에 식사를 마치면 자기 침대에서 완전한 침묵 중에 쉴 것이지만, 만일 누가 혼자 독서를 하고자 한다면 다른 사람들에게 방해가 되지 않도록 할 것이다.[57]

– <베네딕토 규칙서 XLVIII,1-5>

여기 XLVIII,1에서 "성독"(聖讀, Lectio Divina)은 거룩한 독서, 곧 묵상을 말한다. 그리고 XLVIII,4-5에서 말하는 "독서"는 XLVIII,1에서 말하는 "성독"을 가리키는 것이다.

---

57 https://www.olivetano.com/regulation

XLVIII,5에서는 침실에서 개인 묵상하는 것을 확인할 수 있다. 이것은 "너는 기도할 때에, 골방에 들어가 문을 닫고서, 숨어서 계시는 네 아버지께 기도하여라. 그리하면 숨어서 보시는 너의 아버지께서 너에게 갚아 주실 것이다"라는 마태복음 6장 6절(새번역)의 말씀을 적용한 것이라 할 수 있다.

이것을 미루어 봤을 때, 묵상을 세부적으로 오라티오나 메디타티오와 같은 순서를 정해 놨지만 묵상을 '듣는 기도'로 이해했다는 것을 짐작할 수 있다.

이와 같이 묵상을 위해서 골방에 들어가도록 하는 지침은 개신교회의 선대들에게서도 많이 나타나는 것으로 이에 대해 리처드 백스터는 이렇게 말한다.

> 천상적 명상(묵상)에 가장 좋은 장소에 관해서는 개인적으로 조용한 곳이 가장 편하다고 말하는 것으로 충분하다. 우리의 영혼은 언제나 도움이 필요하며 일에서 생기는 모든 장애에서 자유로워야 한다. 그리스도께서는 기도를 드릴 때의 태도를 "네 골방에 들어가 문을 닫고 은밀한 중에 계신 네 아버지께 기도하라. 은밀한 중에 보시는 네 아버지께서 갚으시리라"(마 6:6)는 말씀으로 가르쳐 주셨다. 우리의 묵상도 그렇게 해야 한다. 그리스도께서는 산이나 광

야나 다른 외딴곳으로 얼마나 자주 물러나셨는가.[58]

- 리처드 백스터, 『성도의 영원한 안식』 중에서

또한, 본회퍼는 이렇게 가르친다.

> 30분은 한 번의 올바른 묵상이 우리에게 요구하는 최소한의 요구일 것이다. 완전한 외적인 고요와 아무리 중요한 일이라도 그 어떠한 일로도 자신을 산만하게 하지 않겠다는 결심은 자명한 전제 조건들이다.[59]
>
> - 디트리히 본회퍼, 『매일 묵상 지침』 중에서

위 자료들을 토대로 볼 때 마르틴 루터가 개인 묵상을 위해서 골방에 들어갈 것을 지침하고 있는 것은 그간 기독교가 익히 해 오던 유익한 지침을 계승한 것임을 알 수 있다. 더불어 개신교회의 선대들도 묵상함에 있어 그를 따라 조용한 공간을 권고했다는 것을 알 수 있다.

---

58   리처드 백스터, 『성도의 영원한 안식』, 276.
59   Dietrich Bonhoeffer, *Anleitung zur täglichen Meditation*, 481.

(2) 메디타티오

다음으로 그는 메디타티오에 대해서 말한다. 메디타티오는 라틴어로 '묵상'을 의미하는데, 그가 말하는 묵상 방식은 크게 세 가지 요소로 집약할 수 있다. 그것은 숙고, 입으로 소리 내어 읽기, 반복하여 외우기이다.[60] 이를 통해서 마르틴 루터가 묵상에 대한 깊은 원어 이해를 하고 있었다는 것을 짐작할 수 있다.

히브리 민족에겐 묵상을 표현하는 단어들이 많다. 워낙 묵상에 대한 깊은 관심이 있었기 때문이다. 특별히 가장 기본적으로 연상되는 구절은 여호수아서 1장 8절과 시편 1편 2절 등장한다. 여기에 나오는 "묵상"은 둘 다 동일하게 "하가"(הָגָה)[61]라는 단어를 사용하고 있다.

이 단어에는 '작은 소리로 읊조리다'와[62] '숙고하다'라는 의미가 담겨있다. 그래서 루터는 여호수아 1장 8절에서 "하가"를 "숙고하다"(betrachten)[63]로, 시편 1편 2절에서는 (입으로) "말하다"(reben)[64]라고 번역했다.

---

60 본서 129페이지를 참고하라.
61 הָגָה (Jos 1:8 WTT)
62 Read in an undertone, HHL.
63 betrachte (Jos 1:8 L45)
64 redet (Psa 1:2 L45)

또한, 루터가 오늘 본문에서(120-123p) 주목한 119편 15절에서 등장하는 "묵상"이라는 단어는 히브리어 "시아흐"(שִׂיחַ)[65]를 쓰고 있다. 이 단어의 뜻은 '반복하여 말하다'(시 105:2; 대상 16:9)와 '숙고하다'(시 77:12)이다. 이를 통하여 볼 때 마르틴 루터가 가르친 묵상은 성서의 의미를 반영한 성서적 묵상법이라고 평가할 수 있겠다.

루터가 가르친 이 묵상법에는 고대의 독서법이 반영되어 있다. 우리는 우리가 성서 읽기라고 인식하는 다독의 형태와 묵상 생활을 분리해 생각하지만 다독의 형태에 대한 기원은 거의 없다.

고대에서 독서에 대한 인식은 오히려 한 책을 입으로 읽고 외울 수 있을 만큼 조금씩 토막 낸 구절을 입으로 반복하고 외워서 한 책을 외워 버리는 방식이었다. 이는 오늘날과 같이 책이 흔하던 시기가 아니었기 때문이기도 했다. 당시 어떠한 책을 읽었다는 것은 그 책을 완전히 외워 버리는 것이었다. 이런 독서 행태는 동서양을 막론한 것이었다. 그 옛날, 서당에서 4언 절구의 한시인 『천자문』을 한자 입문을 위해 입으로 소리 내어 외운 것도 이러한 독서

---

65 שִׂיחַ (Psa 119:15 WTT)

법에 해당한다.[66]

당시에는 외우기 위해서는 소리를 냈고, 우리에게 익숙한 침묵 독서의 형태는 오히려 이상한 것으로 받아들여졌다. 4세기경 교부인 암브로시우스가 그런 침묵의 독서를 하였는데, 이에 대하여 아우구스티누스는 다음과 같이 기록하였다.

> 그가 혼자 있었을 때(그러한 시간은 조금밖에 없었지만) 그는 마음의 독서를 통해 절대적으로 필요한 양식으로 자신의 몸을 생명력 있게 하고 있었다. 그러나 그가 책을 읽을 때 그는 눈으로 페이지를 훑고 마음으로 의미를 캐고 있었는데 그의 목소리와 혀는 쉬고 있었다. 종종 우리가 올 때 우리는 그가 이와 같이 읽는 것을 보았고 그는 결코 다른 식으로 하지 않았다(누구도 그곳에 오는 것이 금지되지 않았고 누가 오는 것에 대해 알리는 것이 그의 습관도 아니었다). 그리고 긴 시간 앉아서 침묵하는 동안 우리는 기꺼이 자리를 피해 주었다(어느 누가 괴롭게 방해하고자 들어왔겠는가?). 추측하기로는 그가 얻은 조그마한 시간이 다른 일들

---

66 읽기의 변천사에 대해서 알고 싶다면 알베르토 망구엘, 『독서의 역사』 정명진 역 (서울: 세종서적, 2000)을 참고하라.

로 인한 소음으로부터 자유로웠기 때문에 자신의 마음을 집중하기 위해 중단하기 꺼렸던 것 같다. 어쩌면 저자의 어떤 모호한 표현을 그가 읽게 되어 집중하거나 당황한 몇몇 청중이 그것에 대해 자세한 설명을 듣고 싶어 하거나 몇 가지 어려운 질문에 대해 토론하고 싶어 한다면 그의 시간이 그렇게 낭비될 수 있기 때문에 그가 원하는 만큼 책을 넘길 수 없게 될까 두려웠을 수 있다. 아니면 매우 조금만 말해도 약해지는 그의 목소리를 보호하는 것이 진짜 이유일 수도 있다. 하지만 그가 어떤 의도로 그렇게 했던, 그러한 사람에게 그것은 좋은 것이다.[67]

- 아우구스티누스, 『고백록』 중에서

아우구스티누스의 기록과 같이 묵독은 일반적이지 않고 독특한 것이었다. 오히려 소리를 내어서 읽는 독서 방법이 일반적이었음을 우리는 확실히 알 수 있다. 이는 책이 귀한 시절, 여러 책을 다양하게 읽기보다는 한 가지 책을 주도면밀히 읽고 아예 외워 버리는 것이 주된 책 읽기 방식이었기 때문이다.

---

67 Augustine, *The Confessions*, VI, III in : Translated by Edward B. Pusey, D. D., *The Confessions of Saint Augusine*, (Grand Rapids, MI: Christian Classics Ethereal Library, 1999), 69-70.

또한, 성서는 단순한 책의 가치를 넘어 '신의 계시'라는 의미를 가지고 있었기에 고대의 교회 독서가 지닌 함의는 컸다. 단순히 책을 외우는 것을 넘어 하나님께 메시지를 전달받는다고 여겼기 때문이다.

이에 대해 아우구스티누스는 철야기도를 가르치면서 이렇게 말했다.

> 독서를 통해 하나님께서 우리에게 말씀하시도록 하고 우리의 기도를 통해 하나님께 말씀드리도록 하자. 우리가 공손히 그의 말씀을 듣는다면 우리의 기도를 들으시는 바로 그분이 우리 안에 거하신다.[68]
>
> – <아우구스티누스의 설교문 219> 중에서

독서는 하나님의 말씀을 듣는 시간이었다. 소리를 내서 구절을 외우고, 그 소리가 우리의 귀에 들린다. 그리고 그 외적인 소리 이면에 있는 영적인 하나님의 말씀이 우리의 마음에 거하는 것이다.

---

[68] Augustinus, *Sermons,* 219 in : Translated by John E. Rotelle, O.S.A, *THE WORKS OF SAINT AUGUSTINE A Translation for the21st Century – Sermons,* vol. III (New City Press, 1992.10.06), 199.

성서가 별로 없었기 때문에 교회에서 매 주일 공동 낭독한 성서 본문 중 마음에 와닿는 일부를 기억하여 반복해서 중얼거리고 숙고하며 기도하는 형식이 이루어졌을 것이다. 이미 4세기경 콘스탄티노플의 대주교였던 교부 요한 크리소스톰의 기록물에서도 가정에서 주일 본문을 묵상했던 현장을 만나볼 수 있다.

> 우리는 예배가 끝나자마자 예배와는 어울리지 않는 다른 일에 몰입하지 않도록 해야 합니다. 항상 우리는 집에 오자마자 성서를 손에 들고 와이프와 아이들을 불러서 우리가 들은 것을 다 함께 되새기도록 하십시오. 이것을 하기 전이 아니라 한 다음에 다른 일을 하도록 하십시오.[69]
>
> – 요한 크리소스톰, <마태복음 강해> 중에서

여기서 말하고자 하는 건 무엇인가?

책이 귀한 시절일수록 혼자서 성서를 차지하여 많은 분량을 읽기보다 내게 감명 깊은 한 구절을 마음으로 계속

---

[69] Chrysostom, *Homilies on Matthew*, V,I in : Translated by Philip SchAFF, 『NICENE AND POST-NICENE FATHERS of THE CHRISTIAN CHURCH : Homilies on the Gospel of Saint Matthew』, (Hendricson Publishers, 1995.06), 31.

되뇌고 곱씹는 경우가 많았으리라는 것을 짐작할 수 있다는 것이다. 그리고 그 되뇌고 곱씹는 행위는 단순히 외우는 행위가 아니라, 묵상이요 하나님의 말씀을 듣고자 하는 행위였다.

루터는 성서를 곱씹어 읽을 때 거룩하신 성령님께서 그것을 통하여 깨달음을 주실 것이라고 표현하는데, 이는 단순히 외우는 행위가 아니었음을 의미한다. 루터는 마치 다독의 형태가 연상될 만큼 성서를 그냥 읽어 넘겨 버리는 것을 보면서 성서를 그렇게 읽으면 안 된다고 표현했다. 이를 통해 거룩한 글은 그 '읽는 방식'이 따로 있는 것처럼 이해하고 있는 루터를 발견할 수 있다.

> 두 번째는 당신은 마땅히 묵상해야 한다는 것입니다. 단지 마음속으로만 하지 말고 외적으로, 입으로 소리 내어 말하고 성서 속 말씀을 또박또박 늘 되풀이하고 맞는지 맞추어 보고, 읽고, 다시 읽고 거룩하신 성령님께서 어떤 의미를 베푸시는지 주의 깊게 숙고하십시오. 그리고 당신이 지루해하지 않도록, 또한 당신이 그것을 한두 번 읽고, 듣고, 말한 것으로 충분하다고, 그것으로 핵심까지 모조

리 이해했다고 생각하지 않도록 경계하십시오.[70]

한국 교회에서는 생소한 묵상법으로 구절을 토막 내어 반복하여 읽는 것을 '루미나시오'(Ruminatio)라고 한다. 이는 자주 '되새김'이라고 표현된다. 우리 신앙의 선대들은 이렇게 성서 구절을 입으로 되새기는 것을 마치 음식을 입으로 씹는 것처럼 비유했다.

위에서 언급한 귀고 2세의 기록물에서 이러한 방식의 흔적을 발견할 수 있다. 귀고 2세는 짧은 구절을 주의 깊게 살피기 위해 포도알과 같이 씹어 많은 즙을 내고 그것을 누리라고 권한다.

> 독서는 마치 음식을 통째로 입속에 넣는 것이고 묵상은 그것을 씹고 부수는 것이고, 기도는 그것의 맛을 추출하는 것이고….[71]
>
> – 귀고 2세, <관상생활에 관하여 쓴 편지> 중에서

이 방식은 개신교회에 그대로 전수되었다. 개신교회의

---

70 본서 129페이지를 참고하라.
71 GUIGO II, *Epistola de vita contemplativa*, III, 69.

위대한 선대인 17세기의 루이스 베일리의 저작과 20세기 신학자인 본회퍼의 지침에서는 되새김에 대한 권고를 찾아볼 수 있다.

> 당신이 집으로 돌아올 때, 또는 당신이 집안으로 들어섰을 때, 당신이 들은 것들을 잠시 동안 묵상해 보라. 그리고 새김질 거리를 되씹는 동물들처럼 당신도 당신이 교회에서 들은 말씀을 되새겨야 한다. [72]
>
> – 루이스 베일리, <경건의 실천> 중에서

> 각자가 자신의 특별한 어려움들을 위해 찾게 될 도움들은 다양하다: 반복해서 동일한 단어를 읽기, 자신의 생각을 적어 두기, 때때로 구절을 암기하기(사람들은 각자 실제로 깊이 명상한 구절을 어쨌든 외울 수 있게 될 것이다).[73]
>
> – 본회퍼, <일상적인 명상에 대한 지침> 중에서

현대 한국 교회가 생각할 때 소리 내어 하는 묵상은 이상하게 느껴질 수도 있다. 그러나 2,000년 기독교 입장에

---

[72] Lewis Bayly, *The Practice of Piety: Directing a Christian How to Walk, That He May Please God* (London: amilton, Adams & Co., Paternoster Row, 1842), 200.

[73] Dietrich Bonhoeffer, *Anleitung zur täglichen Meditation*, 481.

서 보면 말씀을 한두 번 훑고, 다음 해설을 읽고, 적용점을 적는 식의 한국의 묵상 방법이 오히려 이상하게 느껴진다. 묵상할 때 말씀을 이런 식으로 읽는 것은 마르틴 루터도 하지 말라고 했던 방식이었다.

묵상은 입으로 말씀을 조금씩 토막 내어 반복적으로 읽고 외우며 숙고하는 행위이다. 따라서 조그마한 소리로 읊조릴지언정 소리가 아예 안 날 순 없다. <베네딕토 규칙서>에서는 오히려 개인 침실에서 성서 묵상을 할 때는 쉬고 있는 다른 이들에게 방해가 되지 않도록 조용히 묵상하라고까지 가르친다.

> 5. '제6시 기도' 후에 식사를 마치면 자기 침대에서 완전한 침묵 중에 쉴 것이지만, 만일 누가 혼자 독서를 하고자 한다면 다른 사람들에게 방해가 되지 않도록 할 것이다.[74]
> – <베네딕토 규칙서> 중에서

지금까지 살펴본 방대한 자료들을 보았을 때 마르틴 루터가 가르친 메디타티오는 성서적인 묵상 방식이자 정통

---

[74] 여기서 말하는 독서는 성서 묵상을 말하는 것이다. 본서 86-87페이지를 보라.

적 기독교 방식이었음을 알 수 있다. 또한, 개신교회가 이를 따랐기에 루터의 묵상 방식은 정통적인 개신교의 묵상법이라고 할 수 있다.

(3) 텐타티오

텐타티오는 '시련'이라는 뜻의 라틴어 단어다. 사실 텐타티오는 우리가 행해야 할 행위라기보다 오라티오와 메디타티오를 행할 때 겪게 될 수밖에 없는 현상을 말하는 것이다.

루터는 주도면밀하게 말씀을 묵상하는 삶을 살아 낼 때, 반드시 시련을 겪을 수밖에 없으며 이 시련을 통하여 하나님께서 가르침과 깨달음을 주신다고 말한다. 그 깨달음은 하나님의 지고하신 지혜와 사랑이다.[75]

루터는 다윗이 말씀을 묵상하는 사람이었으며 그렇기에 숱한 고난을 받았다고 한다. 그리고 자신의 삶을 투영하여 교황주의자들에게 자신이 얼마나 큰 고난을 받았는지를 말한다.[76]

묵상으로 인한 시련을 통해서 하나님의 사랑을 경험할 수 있다는 그의 가르침을 비추어 보았을 때 알 수 있는 게

---

75 본서 131페이지를 참고하라.
76 본서 133페이지를 참고하라.

있다. 그것은 바로 자신이 경험한 그 고난을 통해서 루터 자신이 하나님의 크신 사랑을 경험했다는 확신을 가지고 있었다는 것이다. 그렇기에 루터는 묵상을 통하여 고난이 엄습할 것을 예고하면서 동시에 묵상을 권한다. 그 이유는 하나님의 지고한 지혜와 사랑을 경험할 수 있기 때문이다. 또한, 루터는 하나님의 지고한 지혜와 사랑을 무엇과도 바꿀 수 없는 가장 귀한 것으로 이해했다.

루터가 표현한 텐타티오는 '그리스도를 닮아가는 삶'이라는 것에 의미를 둘 수 있다. 하나님 말씀 자체이며(요 1: 1) 사람이 되신 그리스도께서는(요 1:14) 고난을 통해 하나님의 사랑을 나타내신다(사 53:3-5; 롬 5:8).

그리스도인에게 묵상은 성서에서 보이는 글자 이면에 보이지 않는 계시된 진리, 곧 말씀(logos)이신 예수 그리스도를 영적으로 깨닫고 숙고한다는 것이다. 말씀을 묵상하기에 고난이 엄습한다는 것은 우리가 묵상한 말씀을 통해 본 고난받으시는 그리스도를 닮아 살아간다는 것이고, 그 고난을 통해 하나님의 사랑을 경험한다는 것은 그리스도의 고난과 죽음을 통해 하나님의 사랑이 나타나는 것을 연상할 수 있다. 루터가 권하고 있는 묵상 때문에 고난받는 삶은 그리스도와 일치되어 가는 삶이라 느낄 수 있다.

(4) 종합

지금까지 살펴본 "오라티오, 메디타티오, 텐타티오"라는 묵상 방법을 거시적 안목으로 정리하면 다음과 같다.

① 가르침에 대하여

루터는 성서 이외의 부수적인 교회의 기록물들에 대한 큰 회의감을 표현하였다. 그것이 일부 유익할 수는 있지만, 성서 묵상을 통해서 주시는 영적인 깨달음에는 비할 수 없음을 가감 없이 표현한다.

그는 성서가 아닌, 성서 이외의, 성서를 해석하여 지침한 교회와 공의회, 교부들의 방대한 저술들을 통하여 오히려 비성서적인 가르침을 설파하는 가톨릭 지도자들을 연상했고 비판했다.

그가 가르침에 있어서 가장 의존했던 것은 힘든 삶을 살아 내는 가운데 성서 묵상을 통해 하나님께서 베푸시는 사랑의 메시지였다.

현대에 설교를 준비하는 이들이 현대의 발전된 고고학, 문학비평, 양식비평과 같은 여러 자료들을 가지고 설교에 사용하는 것은 매우 유익한 측면이 있고 어쩌면 필요하다. 그러나 본 해설자는 루터가 그것들을 부수적인 것으로 평가하리라 확신한다. 왜냐하면, 그에겐 성서를 통해서 성령 하하님께서 베푸시는 영성적인 메시지가 설교의 본질적인 요소였기 때문이다. 신약성서의 설교자들이 구약을 보며 영성적으로 사랑의 그리스도를 느꼈듯 말이다. 그렇기 때문에 루터는 그의 글에서 묵상을 성서 연구 방식으로 규정했고, 그것을 통해 교회의 참교사가 될 수 있다고 밝힌다.

② 개신교회의 유산

루터의 독일어 성서가 엄청난 인기로 배포된 이후 1545년에 가톨릭은 트리엔트 공의회를 열고 루터의 성서 권위를 부정했다. 그리고 오직 불가타역에만(제롬의 라틴어 성서) 권위를 부여했다. 그렇게 라틴어를 독해할 수 없는 많은 가톨릭 평신도에게는(원활히 보급되지도 않았지만) 제2차 바티칸 공의회가 오고 나서야(1961-63년) 자국어 성서가 개방되기에 이르렀다.

이에 대해 가톨릭계 수사이자 『말씀에서 샘솟는 기도』의 저자 엔조 비앙키는 "하느님 말씀의 해방", "성서의 유배 기간의 종언"이라 표현했다.[77]

또한, 그는 15세기 이후 교회에서 사라진 루터가 말한 묵상법인 "거룩한 독서"가 형태를 달리하여 개신교회에서

---

[77] 엔조 비앙키, 『말씀에서 샘솟는 기도』, 이연학 역 (서울:분도출판사, 2015), 21.

살아남게 되었다[78]라고 표현하는데, 이는 초대 교회에서부터 행하던 성서 묵상이 어디에서 계속해서 이루어지게 되었는지 알 수 있는 대목이다.

그렇기에 루터가 표현했던 묵상 방식이나 그 표현들의 흔적들은 존 칼빈, 리처드 백스터, 루이스 베일리, 본회퍼 등 다양한 개신교 선대들의 저작에서 발견된다.

안타까운 것은 가톨릭 안에서 묵상에 대한 개신교회의 저작들을 적용하지 않더라도 성서에 근간한 선대들의 방식을 차용하지 않는 경우가 더러 있다는 점이다. 물론, 다행스럽게도 모두가 그런 것은 아니다.

일부 교부들의 성서에서 빗겨 간 방법, 예를 들어 헬라 철학적 영향이나 고대 유행하던 광야 명상법에 영향을 받은 방법 및 힌두교나 불교 같은 동양의 명상법을 차용해 묵상법에 포함하는 경우다. 이런 경우를 접할 때 필자는 개신교인의 입장에서 신앙적 순수함에 대한 위기감을 느낀다. 이에 대해서는 더 이상 얘기하지 않겠다.

어쨌든 비텐베르크판 전집의 수혜자들을 생각했을 때, 이 묵상 방법들은 루터의 독일어 성서를 보급받았던 평신도들을 위하여 기록되었다는 사실은 확실하다. 이로써 개

---

78 엔조 비앙키, 『말씀에서 샘솟는 기도』, 57.

신교회가 자국어 성서를 보급하면서부터 성서 묵상에 대하여 가르쳤다는 것을 알 수 있다. 따라서 초대 교회 때부터 있었던 성서 묵상이라는 유산이 오늘날 개신교회 현장에서 그 명맥을 이어 가고 있음을 이 서문을 통해 목격할 수 있다. 그러므로 성서 묵상은 개신교회의 소중한 유산임이 분명하다.

한 개신교인인 필자는 이를 크나큰 축복으로 여기며 감사히 여긴다. 부디 이 루터의 서문을 통해 우리의 유산을 기쁘게 누리기 바란다.

제2장

본문과 번역본

Vrrede D. Marin. Luther.
In : Der Erste teil Der Bücher D. mart. Luth.
vber etliche Epistelder aposteln. Wittemberg. M. D. XXXIX

루터 박사의 서문.
마르틴 루터 박사의 전집 제1권
몇몇 사도들의 서신에 대하여. 비텐베르크판 1539년

Gern⁷⁹ hette ichs geſeben/ das meine Bücher alleſampt weren dahinden blieben vnd vntergangen. Vnd iſt vnter andern vrſachen eine/ Das mir grawet fur dem Ekempel/ den ich wol ſehe/ was nutzes in der kirchen geſchafft iſt/ da man hat anſſer vnd neben der heiligen ſchrifft/ angefangen viel Bücher vnd groſſe bibliotheken zu ſamlen/ ſonderlich/ on alle vnterſcheid/ allerley vnterſcherd/ allerley veter/ concilia vnd Lerer auffzuraffen. Damit nicht allein die edle zeit vnd ſtudieren in der Schrift/ verſeumt/ ſondern auch die reine erkenntnis Göttliches worts endlich verloren iſt/ bis die Biblia(wie dem fünfften buch Moſi⁸⁰ geſchah/ zur zeit der Könige Juda) vnter der banck im ſtaube vergeſſen iſt.

---

79 "gern"은 부사이며 이 문장에는 주어를 수식하는 동사가 없다. 하지만 구어로 '…이면 좋겠다'라는 뜻이 있다. 따라서 "gern"이 주어를 수식하는 동사의 역할을 한다. 필자는 "기뻐했을 것입니다"로 번역했다.

80 *Die Ganze Heilige Schrift Luther Bibel 1545*(1545년판 루터의 전체 성서)에서는 신명기를 "Das 5 Buch Mose"(모세의 다섯 번째 책)이라고 기재해 놓았다. 본문에서 말하는 "dem fünfften buch Mosis"는 곧 모세오경을 말하는 것임을 알 수 있다. <부록 II>을 참고하라; "fünfften"는 "fünf"의 고어이다.

저의 책들이 모두 뒤안길에 남겨지고 사라지게 되었다면 저는 기뻐했을 것입니다. 왜냐하면, 여러 가지 원인 중 제가 두려워하는 한 가지 이유 때문입니다. 큰 도서관들이 성서를[81] 제외한 많은 책을 수집한 이후, 특히 온갖 교부들과 공의회와 교사들의 문서들을 아무런 분별없이 긁어서 모은 것을 통해 교회에 어떤 유익을 가져왔는지[82] 저에겐 훤히 보이기 때문입니다.

그것 때문에 성서 연구를 위한 소중한 시간을 놓쳤을 뿐만 아니라 신성한 말씀들에 대한 순수한 지식까지도 마침내 잃어버렸습니다. 성서가 의자 밑에서 먼지가 쌓인 채 잊혀질 때까지 말입니다 (유다 왕들의 시대에 있었던 모세오경처럼[83]).

---

81 "heiligen Schrift"는 직역하면 '거룩한 글'로 번역할 수 있는데 이는 성서를 말한다.
82 "유익"(nutzes)이라는 표현을 통해 반어법을 구사하여 비판하고 있다. 이후 표현들을 보면 성서 이외의 방대한 양의 교회 문서들이 성서를 가리고 있음을 신랄하게 비판한다. 이 본문에서 루터가 즐겨 쓰는 비판 방식을 이해할 수 있는데, 그는 반어법과 언어유희를 통하여 종교적 기득권층의 잘못을 풍자적으로 비판한다.
83 열왕기하 22장 8절에서 유다 왕 요시야 시대에 힐기야 대제사장은 주님의 성전에서 율법책을 발견한다. 루터는 성서가 교회의 문서들 때문에 가려진 것을 율법책을 잃어버렸던 요시야 이전 유다 왕들에 비교했던 것이다.

Vnd wiewol es nützlich vnd notig ist/ das etlicher Veter vnd Concilien schrifft blieben sind/ als Zeugen vnd Historien/ So dencke ich doch/ Est modus in rebus/[84] vnd sey nicht schade/ das vieler Veter vnd Concilien bücher/ durch Gottes Gnade sind vntergangen. Denn wo sie alle hetten sollen bleiben/ solte wol niemand weder ein noch ausgehen können fur den Büchern/ vnd würdens doch nicht besser gemacht haben/ denn mans in der heiligen Schrifft findet.

---

84 Horatius, *Satirae*, 1.1 (106)에 삽입되어 있는 문구 "est modus in rebus"를 인용하였다. 당시 쓰이던 격언이었던 것 같다. 이 서정시집은 주전 1세기경 고대 로마 시인 호라티우스의 작품이며 그 첫 번째 장 내용은 '모든 사람이 부자가 되려고 애쓰지만 부자들도 불행하며 만사 그 모든 것은 한계가 있다'는 것을 말하고 있다. 이에 "est modus in rebus, sunt certi denique fines, quos ultra citraque nequit consistere rectum"라고 말하는데 이는 '모든 것들 안에는 한계가, 요컨대 어느 한쪽도 옳다고 말할 수 없는 명확한 한계가 있습니다'라는 뜻이다. 여기에서는 호라티우스 작품의 내용과는 별 상관없이 교부들과 공의회의 기록이 역사와 증언 이상의 의미를 갖지 못한다는 한계를 말하기 위해 사용했다.

비록 몇몇 교부들과 공의회의 글들이 증인들과 역사로서 남아 있는 것이 유용하고 필요하다고 할지라도 저는 '만사 그 나름의 한계가 있다'라고 평가합니다. 수많은 교부와 공의회의 책들이 하나님의 은혜를 통해 사라진 것에 대해 아까워하지 마시길 바랍니다. 만약 그것들이 모두 남아 있어야 했다면 아무도 그 책들을 마땅히 다 이해할 수도 없을 것이고 끝마칠 수도 없을 것이며[85] 성서에서 발견하는 것보다 더 나은 것을 만들지도 못했을 것입니다.

---

85 필자가 참고한 영역판 본문인 Lewis W. Spitz, *LUTHER'S WORKS* Vol.34 (FORTRESS PRESS/ PHILADELPHIA, 1988) 284에서는 이 부분을 "no room would be left for anything but books"(책 이외에는 아무것도 넣을 공간이 없을 것이다)라고 번역했지만 이는 오역이다. "weder ein noch ausgehen können" 이 구문에서 "ausgehen"는 '나오다', '끝마치다' 두 가지 의미가 있다. 축약어 "ein"을 'eintreten'(들어가다)로 해석하면 책 때문에 들어가지도 나가지도 못할 것이라는 의미가 되기에 영역본에서는 이렇게 번역한 것 같다. 하지만 문맥상 'Eingehen'(이해하다)로 해석하여 위와 같이 번역하여야 한다.

Auch ist das vnser meinung gewest[86]/ da wir die Biblia selbs zu verdeudschen anfiengen/ das wir hofften/ Es solt des schreibens weniger/ vnd des studierens vnd lesens in der Schrifft mehr werden. Denn auch alles ander schreiben in vnd zu der Schrifft/ wie Johannes zu Christo/ weisen[87] sol/ wie er spricht/ Jch mus abnemen/ dieser mus zunemen.[88]

---

86 'sein'의 고어이며 과거 분사형태이다.
87 "weisen"은 '가리키다'라는 뜻이나 고어로는 '누구에게 무엇을 가르치다'라는 뜻이 있으므로 여기서는 고어적 의미를 반영하여 '가르치다'라고 번역했다.
88 "Jch mus abnemen/ dieser mus zunemen"는 "Er muß wachsen, ich aber muß abnehmen" (Joh 3:30 L45)의 인용 구절이다. 하지만 루터 성서의 구절에서 조금의 변형이 있는데, 본문에서는 그리스도를 지칭할 때 "dieser"(이분)이라는 단어를 쓰였고 루터 성서에서는 "Er"(그분)이라는 단어가 쓰인다. 이는 인용구가 삽입된 문장에서 등장하는 "그리스도"를 지칭하기 위해 루터가 단어에 약간의 변형을 준 것이다.
또한, 본문에서는 "zunehmen"(증가하다, 발전하다)라는 단어가 쓰였고 루터 성서에서는 "wachsen"(성장하다, 발생하다 등)이 쓰였는데, 교부들과 공의회의 저작들이 너무 많이 증가하는 것을 비판하는 문장의 앞뒤 문맥상 그리고 독어 신약성서본이 폭발적 수요를 생각하면서 "zunehmen"이 쓰였을 수도 있지만, 단어의 의미에 큰 차이도 없고 둘 다 '번성하다'라는 의미로 번역이 가능하며, 앞에 "abnehmen"(감소하다, 쇠퇴하다)라는 단어와 상반된 의미를 고려하고 새번역의 표현을 존중해 위에 "번성하다"라고 번역하였다.

또한, 이곳에서 우리가 성서를 독일어로 번역하기 시작했을 당시 마땅히 글을 보다 적게 쓰고, 성서 연구와 읽기[89]를 보다 많이 해야 한다는 것이 우리가 바라던 우리의 목적[90]이었습니다.

왜냐하면, 그리스도를 향하여 가르치는 침례 요한처럼 다른 모든 글은 마땅히 성서 안으로 이끌어야 하고 성서를 향해야 하기 때문입니다. 그래서 침례 요한은 이렇게 말합니다.

"나는 쇠퇴하여야 하고 이분은 번성하여야 한다."[91]

89　성서 연구와 읽기는 이후 소개하는 묵상법을 말하는 것이다. 그는 묵상법을 성서를 연구하는 방법으로 소개하고 있다.

90　여기에서 말하는 "우리의 목적"은 루터가 조직한 성서번역위원회의 번역 목적을 말하는 것이다. 성서번역위원회가 자국어 성서를 번역 및 배포하는 주된 목적이 개인의 성서 묵상이었음을 알 수 있는 대목이다. 그는 개인의 성서 묵상을 의도하여 계획적으로 자국어 성서 번역을 주도했던 것이다.

한편, 성서 번역과 그 의도에 대한 처음 언급은 바르트부르크에 갇혀 있는 루터가 1521년 12월 18일 요한 랑(Johann lang)에게 보내는 편지에 나와 있는데 그는 "이 책이(성서) 모든 언어로 번역되어서 모든 사람의 마음과 손에 머무를 수 있기를 하나님께 기도드립니다"라고 기록했다. 그리고 그 마음에 거하는 방식은 뒤에 나올 "성서 연구 방법"이라고 표현된 묵상법을 우리는 짐작할 수 있다. 이에 대해서는 Margaret a. Currie, *THE LETTER of MARTIN LUTHER*, 94를 확인하라.

91　요한복음 3장 30절의 인용구이다.

damit ein jglicher felbs möchte aus der frifchen quelle trincken/ wie alle Veter/ fo etwas guts haben wollen machen/ haben thun muffen. Denn fo gut werdens weder Concili,/ Veter/ noch wir machen/ wens auch auffs höchft vnd befte geraten kan/ als die heilige Schrifft/ das ift Gott felbs/ gemacht hat/ Ob wir wol auch den heiligen Geift, glauben/ Göttliche rede vnd werck haben muffen/ fo wir follen felig werden/ Als die wir müffen die Propheten vnd Apoftel laffen auff dem Pult fitzen/ vnd wir hie nieden zu jren Füffen hören/ was fie fagen/ vnd nicht fagen/ was fie hören müffen.

이것으로[92] 인하여 그 누구나 스스로 신선한 샘에서 물을 길러 마실 것입니다. 훌륭한 일을 하길 원하는 교부들이 해야 했던 것처럼 말입니다. 왜냐하면, 공의회나 교부들이나 우리가 아주 수준 높고 최고로 잘 만들 수 있다고 하더라도 성서만큼[93] 잘 만들 수 없습니다. 그것은 하나님께서 만드신 것이기 때문입니다.

우리는 또한 거룩하신 성령님, 믿음, 신령한 설교, 그리고 행함이 있어야 하며, 그것들을 통하여 우리는 구원받아야 합니다. 그렇게 되기 위해서 우리는 선지자들과 사도들이 설교단에 앉는 것을[94] 허용해야 하며 우리는 그들의 발치 아래에서 성서가 말하는 것을 들어야 합니다. 우리가 말하는 것을 그들이 들어야 하는 것이 아닙니다.[95]

---

92 자신들이 번역한 자국어 성서를 말한다.
93 "heilige Schrifft"를 성서로 번역하였다. 각주 81을 확인하라.
94 선지자와 사도들은 구약과 신약을 말하는 것이다. 교회에서 교부들과 공의회의 기록들에 대한 과도한 집착을 버리고 마땅히 성서가 그 설교단을 차지해야 한다는 것이다.
95 교회의 문서에 성서가 가려지는 것을 우회적으로 표현한 것이다.

Nu ichs aber ia nicht kan wehren/ vnd man/ on meinen Danck / meine Bücher wil durch den Druck(mir zu kleinen ehren) itzt ſammlen/ mus ich ſie die koſt vnd erbeit laſſen dran wogen. Tröſte mich des/ das mit der zeit doch meine Bücher werden bleiben im ſtaube vergeſſen/ ſonderlich wo ich etwas guts(durch Gottes gnaden) geſchrieben habe/ Non ero melior Patribus meis[96]/ das ander ſolt wol am erſten bleiben. Denn ſo man hat können die Biblia ſelbs laſſen vnter der Banck ligen/ auch die Veter vnd Concilia/ je beſſer je mehr/ vergeſſen/ Jſt gute Hoffnung/ wenn dieſer zeit furwitz[97] gebüſſt iſt/ meine Bücher ſollen auch nicht lange bleiben/ Sonderlich weil es ſo hat angefangen zu ſchneien vnd zu regenen mit Büchern vnd Meiſtern/ Welcher auch bereit an viel da ligen vergeſſen vnd verweſen/ das man auch jrer Namen nicht mehr gedenkt/ die doch freilich gehofft/ ſie wurden ewiglich auff dem Markt veil ſein, vnd Kirchen meiſtern.

---

96 "neque enim melior sum quam patres mei"(1Ki 19:4 VUL)를 인용한 것이다. 여기에서 루터는 자신이 번역한 성서가 아닌 라틴어 성서를 인용한다. 이 구절은 엘리야가 이세벨로 인해 낙심했을 때의 기도이다. "나는 내 조상보다 조금도 나을 것이 없습니다"(왕상 19:4, 새번역).

97 'vor' 대신 'fur'가 쓰인 형태이다.

자, 그렇지만, 저의 동의 없이 사람들이 현재 저의 책들을 모아서 출판되길 원하는 것을(나의 조그마한 영광입니다) 막을 수가 없어서, 저는 출판사에게 그 일에 관한 비용과 노동을 감수하도록 할 수밖에 없습니다.[98]

하지만 특별히 제가(하나님의 은혜로) 어떤 좋은 글을 썼다고 해도 시간이 지남에 따라 어차피 먼지가 쌓인 채로 저의 책은 잊혀지게 됩니다. 이것은 저에게 위안을 줍니다. 저는 제 조상보다 나을 것이 없습니다.[99] 다른 것이 첫 번째로 남아야 합니다.[100] 누구든 성서 자체를 벤치 아래에 눕혀 놓은 채로 내버려둘 수 있다면,[101] 교부들과 공의회의 글들은 더 많이 잊혀질수록 더 좋습니다.

좋은 희망이 있습니다. 이 시대의 이 호기심이 충족되면 저의 책조차도 오래 머무르지 않을 것입니다. 특히 서적들과 교사들의 책들이 눈처럼 대량으로 쏟아지고 비 오듯 떨어지기 시작한 이후로 이미 많이 저기에 눕혀져서 잊히거나 없어졌습니다. 물론, 그들은 영원히 자신의 책들을 시장에 내다 팔고 교회를 지배하길 분명 원하였지만 어떤 사람들도 그들의 이름조차 더욱 기억하지 못합니다.

---

98 루터의 전집 출판을 진행하게 된 것에 관한 얘기이다.
99 자신의 글이 교부들과 공의회의 서적들과 다를 바가 없음을 말하면서 자신의 기록물들이 그들의 글과 동일하게 잊혀야 한다는 것을 말하고 있다. 여기에서 그는 열왕기상 19장 4절을 인용하여 표현한다.
100 자신의 책을 포함한 성서 이외의 다른 책들이 아닌 성서가 첫 번째로 남아야 한다는 것이다.
101 처음 서문을 시작할 때 표현을 상기시킨다. 왜 자신이 서문 처음에서 자신의 책이 잊혔으면 좋았겠다고 말했는지에 대해서 상기시킨다.

Wolan/ ſo las gehen in Gottes Namen. 'on das ich freundlich bitte/ wer meine Bücher zu dieſer zeit ia haben wil/ der laſſe ſie jm beyleibe nicht ſein ein Hindernis/ die Schrifft ſelbs zu ſtudirn/ ſondern lege ſie/ wie ich des Babſts Drecket vn̂[102] Drecketal[103] vnd der Sophiſten bücher lege/ das iſt/ Ob ich zu zeiten ſehen/ was ſie gemacht/ oder auch die geſchicht der zeit/ rechen wolle/ Nicht das ich darinne ſtudirn oder ſo eben darnach thun müſte/ was ſie gedacht hat/ Nicht viel anders thu ich[104] mit der Veter vnd Concilien Büchern auch.

---

102 'und'의 축약이다. (und > vud, un> vn̂) 이는 구식 인쇄체이다.
103 본문에 나오는 "Babſts Drecket vn̂ Dreckketal"는 없는 단어이다. 루터가 "Papsts Deckret und Deckretale"(교황의 교서와 교령집)에 "Dreck"(오물)를 결합시켜 언어유희를 한 것이기 때문이다.
104 "ich"는 단순히 '나'라는 뜻이지만 여기서는 '나의 책'을 의미한다고 봐야 문맥상 옳다. 이 본문에서 교부들과 공의회의 책들을 단순히 "Veter vnd Concilien"(교부와 공의회)라고 표현하는 경우가 많기 때문이다. 그러므로 필자가 참고한 영역판 본문인 Lewis W. Spitz, *LUTHER'S WORKS* Vol.34, 284에서 "I do not treat the books of the fathers and the councils much differently"(나는 교부들과 공의회의 책들을 크게 다르지 않게 대한다)라고 번역한 것은 옳지 않다.

자, 그럼 하나님의 이름으로 진행해 봅시다. 다만 저는 이때 제 책을 가지길 원하는 이들에게 친근한 부탁을 드립니다. 그것들이 그 글[105] 자체를 연구하는 것에 방해되는 일이 결코 없도록 하시길 바랍니다. 오히려 제가 교황이 배설한 교서와 교령집[106]과 소피스트[107]들의 책들을 내려놓았듯 여러분도 그것들을[108] 내려놓으십시오.

제가 가끔 그들이 무엇을 했는지 또는 당시의 역사가 일어난 시기를 계산하고 싶을 때 보기도 하지만 저는 그들이 의도했던 것처럼 그 속의 뜻을 깊이 연구하지도 않고 그것의[109] 뜻에 맞게 행하지도 않습니다. 제 책은 이 교부들이나 공의회 문헌들과 크게 다르지 않습니다.

---

105 "그 글"은 성서를 말한다.
106 루터는 1520년 6월 15일에 발표된 교황의 파문 교서와(Exsurge domine) 여타 교황의 칙령들을 1520년 12월 10일 비텐베르크의 교수들과 학생들 앞에서 불태웠다. 이는 교황 대사 알레안더가 뢰벤에서 루터의 문서들을 소각한 것에 대응한 것이었다.
107 소피스트는 기원전 5세기부터 기원전 4세기까지 그리스를 중심으로 활동했던 철학 사상가이자 교사들이다.
108 "그것"은 루터의 책들을 말한다.
109 교서, 교령집, 소피스트의 책들을 말하는 것이다.

Vnd folge hierin dem Exempel S. Auguſtin/ der vnter andern der erſt vnd faſt allein iſt/ der von aller Veter und Heiligen bücher wil vngefangen/ allein der heiligen Schrifft/ vnterworffen ſein/ Vnd daruber kam in einen harten ſtraus mit S. Hieronymo/ der jm furwarff ſeiner Vorfaren bücher/ Aber daran er ſich nichts keret. Vnd hette man ſolchem Exempel S. Auguſtini gefolget/ der Babſt were kein Antichriſt worden/ vnd were das vnzeliche vnzifer/ gewürm vnd geſchwürm der Bücher nicht in die Kirchen komen/ vnd die Biblia wol auff der Cantzel blieben.

이 점에서 저는 성 아우구스티누스가 보여 준 모범을 따릅니다.[110] 그는 다른 이들 중에서 처음이자, 거의 유일하게 모든 교부와 성인들의 책으로부터 독립하길 원했습니다. 오직 성서[111]에만 복종했기 때문에 성 히에로니무스와 힘겨운 싸움을 벌였고, 그에게 그의 선조들의 책들을 통해 비난했습니다만 그는 돌아서지 않았습니다. 사람들이 성 아우구스티누스의 모범만 따랐다면 교황은 적그리스도가 되지 않았을 것이고, 무수한 해충, 버러지마냥 우글거리는 책들을 교회에서 수용하지 않았을 것이며 성서는 설교단 위에 잘 있을 것입니다.

---

110 루터는 아우구스티누스회라는 수도회의 수사였다. 아우구스티누스에 대한 위 내용과 이 본문에서 소개하는 "성서 연구 방법"이라 표현하고 있는 묵상법은 아우구스티누스회를 통해서 알게 되었을 가능성이 있다.
111 "heilige Schrift"를 "성서"로 번역하였다. 각주 81을 확인하라.

Vber¹¹² das wil ich dir anzeigen eine rechte weiſe in der Theologia zu ſtudirn/ der ich mich geübt habe/ wo du die ſelbigen helteſt/ ſoltu alſo gelert werden/ das du ſelbs könneſt (wo es not were) ia ſo gute Bücher machen/ als die Veter vn̄¹¹³ Concilia/ Wie ich mich (in Gott) auch vermeſſen vnd on hochmut vnd lügen rümen thar/ das ich etlichen der Veter wolt nicht viel zuuor¹¹⁴ gehen/ wenn es ſolt Bücher machens gelten. Des lebens kan ich mich weit nicht gleich rhümen. Vnd iſt das die weiſe, die der heilige König Dauid (On zweiuel auch alle Patriarchen vnd Propheten gehalten) leret im 119. Psalm/ Da wirſtu drey Regel innen finden/ durch den gantzen Psalm reichlich furgeſtellet. Vnd heiſſen alſo/ Oratio/ Meditatio/ Tentatio.¹¹⁵

---

112 'Über'의 구식 인쇄체.
113 각주 102를 참고하라.
114 이는 'zuvor'이다.
115 "Oratio", "Meditatio", "Tentatio"는 모두 라틴어이다. '기도', '묵상', '시련'을 의미한다.

다음으로 넘어갑시다. 저는 당신에게 제가 숙달해 온 하나의 올바른 신학 연구 방법을 소개하고 싶습니다. 당신도 이같이 한다면 당신 스스로 교부들과 공의회만큼 확실히 좋은 책들을 만들 수 있다는 것을(그것이 필요한 때) 당신은 배우게 될 것입니다. 이와 같이 저 또한 (하나님 안에서) 저를 과감히 평가하여 말하지면 제가 가치 있는 책을 만들어야 했을 때, 저는 제 자신의 책에 비해서 몇몇 교부들의 책이 크게 뒤처지지 않기를 원했다는 것을 교만과 거짓없이 과감히 자랑합니다.[116]

하지만, 저의 인생에 대해서는 똑같이 자랑할 수 없습니다. 사실 이것은 거룩한 왕, 다윗이 시편 119편에서 가르친 방식입니다 (그리고 분명 모든 구약의 족장들과 선지자들도 했던 것입니다). 이 구절 안에서 당신은 시편 전반에 걸쳐 풍부하게 나타나는 3가지 규칙을 발견하게 됩니다. 그것은 '기도'(오라티오), '묵상'(메디타티오), '시련'(텐타티오)이라고 불립니다.

---

[116] 필자가 참고한 영역판 Lewis W. Spitz, *LUTHER'S WORKS* Vol.34, 285에서는 "that in the matter of writing books I do not stand much behind some of the fathers"(책을 쓰는 일에 있어서 저는 몇몇 교부들보다 많이 뒤처지지 않았습니다)라고 번역했지만 이는 오역이다. das(that 접속사) ich(나는) etlichen der Veter(몇몇 교부들이) wolt(원했다) nicht viel zuuor gehen(많이 뒤처지지 않기를)이라고 번역해야 한다. 따라서 "나는 몇몇 교부들이 많이 뒤처지지 않기를 원했다"라고 번역해야 한다.

Erftlich foltu wiffen/ das die heilige Schrifft ein folch Buch ift das aller ander Bücher Weisheit zur narrheit macht/ weil keins vom ewigen leben Leret/ on dis allein. Darumb foltu an deinem finn vnd verftand ftracks verzagen/ Denn damit wirftu es nicht erlangen/ Sondern mit folcher vermeffenheit dich felbs vnd andere mit dir ftürtzen vom Himel (wie Lucifer gefchah) in abgrund der Helle. Sondern knie nider in deinem Kemerlein[117] vnd bitte mit rechter demut vnd ernftzu Gott/ das er dir durch feinen lieben Son/ wolle feinen heiligen Geift geben/ der dich erleuchte/ leite vnd verftand gebe.

---

117 "Kemerlein"(Kämmerlein, Mat 6:6 L45) : '작은 방, 침실, 골방'으로 번역되는 이 단어는 1545년판 루터의 성서 마태복음 6장 6절에도 동일하게 사용된다.

첫 번째로 당신은 성서가[118] 모든 다른 책의 지혜를 어리석게 만드는 책이라는 것을 알아야 합니다. 왜냐하면, 오직 이것 외에는 그 어떤 것도 영원한 삶을 가르치지 않기 때문입니다. 그 때문에 당신은 당신의 이해력과 지성에 대해 곧바로 절망해야 합니다. 왜냐하면, 당신은 그것들로는 얻지 못할 것이기 때문입니다.[119]

오히려 그런 주제넘는 오만과 함께 당신 자신도 다른 이들과 함께 하늘에서 지옥의 깊은 구덩이로 추락하게 될 것입니다(루시퍼에게 일어났던 것처럼). 그 대신 당신의 골방에서[120] 무릎을 꿇고 앉아서 올바른 겸손과 진심으로 하나님께 사랑하는 아들을 통하여 거룩한 성령님을 보내 주시도록 청하십시오.[121] 당신을 깨닫게 하시고, 인도하시고 이해력을 베푸시도록 말입니다.

---

[118] "heilige Schrift"를 성서로 번역하였다. 각주 81을 확인하라.
[119] '영원한 생명을 얻지 못할 것'이라는 뜻이다.
[120] 각주 117에서 말하였듯 루터 번역 성서 마태복음 6장 6절과 동일한 단어가 사용되었다. 본문의 내용과도 깊이 연관되어 있으므로 분명 마태복음 6장 6절을 생각하면서 이 단어를 썼을 것이다.
[121] 결국, 마르틴 루터가 말하는 첫 번째 신학 연구 방법인 "Oratio"(기도)는 먼저 성서를 읽기 전 골방에 들어가 성령님을 청하는 것이다.

Wie du ſiheſt/ das Dauid in obgenantem Pſalm jmer bittet/ Lere mich[122]/ HERR[123] vnterweiſe mich[124]/ fure mich[125]/ zeige mir[126]/ vnd der wort viel mehr/ So er doch den Text Moſe vnd ander mehr Bücher wol kundte/ auch teglich höret vnd laſe/ Noch wil er den rechten Meiſter der Schrifft ſelbs dazu haben.

---

122 "Lere mich"(Lehre mich, Psalm 119:12, 26, 64, 66, 68, 108, 124, 135 L45); "가르쳐 주십시오"(시편 119:12, 26, 64, 68, 108, 124, 135, 새번역); "지식을 주십시오"(시편 119:66, 새번역).

123 "HERR" Psalm 119:12, 31, 33, 41, 52, 55, 57, 64, 65, 75, 89, 107, 108, 126, 137, 145, 149, 151, 156, 159, 166 ,169, 174 L45; 새번역에서는 모두 "주님"으로 번역되었다.

124 "vnterweiſe mich" (unterweise mich, Psalm 119:27, 34, 73, 125, 144, 169 L45); "깨닫게 해 주십시오"(시편 119:27, 34, 125, 144, 169, 새번역); "총명을 주십시오"(시편 119:73, 새번역).

125 "fure mich"(führe mich, Psalm 119:35, 154 L45); (주님의 계명이 가리키는) "길을 걷게 하여 주십시오"(시편 119:35, 새번역); "나를 변호해 주십시오"(시편 119:154, 새번역).

126 "zeige mir"를 Psalm 119:33 L45; 새번역에서는 (길을) "가르쳐 주십시오"라고 번역한다. 하지만 1545년판 루터의 성서에서는 "길을 보이소서"라고 번역하는 것이 더 옳다. 하지만, 번역에 정답은 없다. 시대적, 문화적, 문자적 격차를 감안하여야 할 것이다.

보시다시피 다윗은 앞서 언급한 시편에서 매번

"저를 가르쳐 주십시오."

"주님."

"저를 깨닫게 하여 주십시오."

"저를 인도하여 주십시오."

"제게 보여 주십시오"라고 청하는데, 이러한 표현들이 매우 많습니다. 그때 그는 모세의 본문과[127] 다른 책들을 이미 잘 알고 있었음에도 매일매일 듣고 읽었으며 그는 변함없이 그 글[128] 자체의 진정한 스승을 모시길 원했습니다.

---

127 "모세의 본문"(den Text Moſe)은 모세오경을 뜻한다. 마르틴 루터가 무엇을 모세의 본문으로 보았는지 보려면 <부록 II>을 참고하라.
128 "그 글"은 성서를 말하는 것이다.

Auff das er ja nicht mit der Vernunfft drein falle/ vnd fein felbs Meifter werde/ Denn da werden Rottengefter[129] aus/ die fich laffen duncken/ die Schrifft fey jnen vnterworffen vnd leichich mit jrer Vernunfft zuerlangen/ als were es Marcolfus[130] oder efopus Fabeln/ da fie keins heiligen Geists noch Betens zu durffen.

---

129 "Rottengefter"(Hos 9:7 L45)는 사어이며 어떤 의미인지 찾기조차 어려운데 1545년판 루터 성서에서도 호세아 9장 7절에서만 단 한 번 등장하는 단어이다. 이 단어를 새번역 성서에서는 "영감을 받는 이(들)"이라고 말하고 있는데, 이는 북이스라엘에 있던 부패한 종교 예언자들, 하나님의 뜻을 영감받고 가르친다고 알려져 있는 부패한 자들을 말하는 것으로, 루터 당시 부패하고 하나님의 뜻을 가르치지 않던 가톨릭 지도자들을 비유적으로 가리키는 단어로 이해할 수 있겠다. 저자가 참고한 영역판 본문 : Lewis W. Spitz, *LUTHER'S WORKS* Vol.34, 286에서는 위 단어를 "factious spirits"(당파적인 영들)이라고 번역하였는데 이는 오히려 오역으로 보여진다. 위 지적한 부분을 반영하여 영문 번역을 하지 못한 것을 매우 유감스럽게 생각한다.

130 "Marcolfus"는 중세에 매우 인기 있었던 '솔로몬과 말콜푸스 전설'을 말하는 것이다. 서사시, 소책자, 연극 대본 및 익살극에서 다루어졌다. 교활하고 파렴치한 불량배 말콜푸스의 모습은 일찍이 10세기에 독일에 알려졌고 인쇄업이 발달하면서 폴란드, 독일, 프랑스, 이탈리아 외 많은 언어로 번역되어 출간되었다. 고대 영어로 출판된 책은 『*Solomon and Saturn*』이라는 제목으로 출간되었다.

그는 결코 이해력의 함정에 빠져서, 스스로 스승이 되지 않도록 했습니다. 왜냐하면 그곳에서는[131] 거룩한 성령님께 조금도 기도드릴 필요가 없기 때문에 그 글이[132] 자신에게 종속되어 있다고, 마치 그것이[133] 말콜푸스 우화와 이솝우화라도 된 것처럼 자신들의 이해력으로 가볍게 이해할 수 있다고 생각하는 부패한 지도자가 되기 때문입니다.

---

131 "그곳"은 이해력의 함정을 말하는 것이다.
132 "그 글"은 성서를 말하는 것이다.
133 "그것"은 성서를 말하는 것이다.

Zum andern/ soltu meditirn/ das ist/ Nicht allein im hertzen/ sondern auch eusserlich die mündliche rede/ vnd buchstabische¹³⁴ |wort im Buch¹³⁵ jmer treiben vnd reiben / lesen vnd widerlesen/ mit vleissigem auffmercken vnd nachdenckeu/ was der heilige Geist damit meint. Vnd hüte dich/ das du nicht vberdrussig werdest/ oder denckst/ du habest es ein mal oder zwey/ gnug gelesen/ gehöret/ gesagt/ vnd verstehest es alles zu grund/ Denn da wird kein sonderlicher Theologus nimer mehr aus/ Vnd sind wie das vnzeitige Obs/ das abfellet ehe es halb reiff wird.

---

134 "buchstabische"는 'buchstabe'와 'isch'의 결합어로 명사의 형용사적 용법이다. 따라서 문자적인 이라는 뜻으로 이해할 수 있다. 단어를 변형시키지 말고 문자 그대로 되풀이 하라는 뜻이다.

135 "wort"가 단어가 아니라 어구나 말이 되려면 복수형인 'worte'가 되어야 한다. 하지만 성서의 말씀이나 하나님의 말씀의 경우에는 "wort"가 말씀이라고 번역이 되는 경우가 많이 있다(예를 들면 "Gottes wort"는 "하나님의 말씀"으로 번역함). 여기에서 나오는 "Buch" 또한 문맥으로 보나 앞에 대문자가 쓰여진 것으로 보나 성서를 말하는 것이 확실하고 본문에서 쓰인 "wort"는 이 부분 이외에는 모두 말씀으로 번역되기 때문에 성서 속의 말씀으로 번역하겠다. 하지만 성서 속의 단어로 번역하여도 오류가 아니다.

두 번째는 당신은 마땅히 묵상해야 한다는 것입니다. 단지 마음 속으로만 하지 말고 외적으로[136], 입으로 소리 내어 말하고 성서 속 말씀을 또박또박 늘 되풀이하고 맞는지 맞추어 보고, 읽고, 다시 읽고 거룩하신 성령님께서 어떤 의미를 베푸시는지 주의 깊게 숙고하십시오.[137]

그리고 당신이 지루해하지 않도록, 또한 당신이 그것을 한두 번 읽고, 듣고, 말한 것으로 충분하다고, 그것으로 핵심까지 모조리 이해했다고 생각하지 않도록 경계하십시오. 왜냐하면, 그 속에서는 절대 대단한 신학자가 될 수 없기 때문입니다. 그것들은 너무 빨리 떨어진 열매와 같습니다. 떨어지기 전에 그것은 설익었습니다.

---

136 "eufferlich" 각주 140을 확인하라.
137 마르틴 루터가 말하는 두 번째 신학 연구 방법인 "Meditatio"(묵상)은 성서 구절을 조금씩 토막 내어 입으로 반복하여 말하고 외우는 것이다. 여기서 그 초점은 외우는 행위에 있는 것이 아니라 거룩하신 성령님께 있다. 이러한 방식을 행할 때, 성령님께서 깨달음을 주신다고 말한다.

Darum ſiheſtu in dem ſelbigen Pſalm/ wie Dauid jmerdar rhümet/ Er wölle reden/ tichten/ ſagen/ ſingen/ hören/ leſen/ tag vnd nacht vnd jmerdar/ Doch nichts denn allein von Gottes wort vnd Geboten. Denn Gott wil dir ſeinen Geiſt nicht geben/ on das euſſerliche wort/ Da richt dich[138]/ Denn er hats es nicht vergeblich befolhen/ euſſerlich zu ſchreiben/ predigen/ leſen/ hören/ ſingen/ ſagen etc.

Zum dritten iſt da Tentatio/ anfechtung/ Die iſt der Prüfeſtein/ die leret dich nicht allein wiſſen vnd verſtehen/ ſondern auch erfaren/ wie recht/ wie wahafftig/ wie ſüſſe/ wie lieblich/ wie mechtig/ wie tröſtlich Gottes wort ſey/ weisheit vber alle weisheit.

---

138 여기서 "richt"는 'richten'의 명령법 'richte'의 축약으로 봐야 한다. 그래서 '당신은 그것을 겨냥하라.' 혹은 '당신은 그곳으로 방향을 돌려라'라는 뜻으로 번역할 수 있다. 하나님의 방식에 자신을 맞추라는 뜻이다. 참고한 영역판 Lewis W. Spitz, *LUTHER'S WORKS* Vol.34, 286에서는 "so take your cue from that"라고 번역되었다. 다윗의 방식이자 하나님의 방식에서 실마리를 찾으라는 뜻이다.

그렇기 때문에 당신은 같은 시편 안에서 다윗이 계속해서 찬양하는 것을 볼 수 있습니다. 그는 시를 짓고, 표현하고, 노래하고, 듣고, 주야로 항상 읽기를 원했습니다. 하지만 하나님의 말씀과 계명에 대해서만 그렇게 했습니다. 하나님께서는 눈에 보이는 말씀[139] 없이는 그의 영을 베푸시려 하지 않으시기 때문입니다. 당신은 이 방식에 맞추십시오. 왜냐하면, 외적인 것,[140] 즉 쓰기, 설교하기, 읽기, 듣기, 노래하기, 말하기 등 그는 무익한 것을 지시하지 않으시기 때문입니다.

세 번째는 텐타티오, 시련입니다. 이것은 이 세상 모든 지혜보다 뛰어난 지혜인 하나님의 말씀이 얼마나 올바르고, 얼마나 진실하고, 얼마나 달콤하고, 얼마나 사랑스럽고, 얼마나 강력하고, 얼마나 위안을 주는지 터득하고 이해하게 할 뿐만 아니라 경험하게 하는, 당신에게 가르치는 시금석입니다.

---

139 "eufferlich"는 각주 140을 확인하라.
140 "eufferlich"(äußerlich)는 '외부적인', '외면의', '본질적이 아닌'과 같은 의미를 지니고 있다. 이는 전술한 "오라티오"(78-88p)에서 다루었던 기독교의 핵심적인 사상과 함께 이해할 필요가 있다. 성령을 통하여 구약 이면에 있는 본질적인 의미인 그리스도를 깨달아야 하듯 성서라는 외부적인 글자를 통하여 성령 하나님께서 전달하시는 사랑의 메시지를 들어야 한다. 그러한 의미에서 마르틴 루터는 "외적인 행위"(입으로 반복적으로 구절을 외는 것), "외적인 말씀"(성서)이라 표현하며 위 단어를 사용하는 것이다. 또한, 한두 번 읽고 끝내지 말라는 당부를 하는 이유도 본질적인 의미를 깨닫기 위한 것이다. 이로써 성령께서 성서를 통해서 주시는 깨달음을 위해 마르틴 루터는 외적인 행위를 요구하고 있음을 알 수 있다.

Darumb ſiheſtu/ wie Dauid in dem genanten Pſalm ſo offt klagt vber allerley Feinde/ freuele Fürſten oder Tyrannen/ vber falſche Geiſter vnd Rotten/ die er/ leiden mus/ darumb das er meditirt/ das iſt/ mit Gottes wort vmbgeht (wie geſagt) allerley weiſe. Denn ſo bald Gottes wort auffgehet durch dich/ ſo wird dich der Teufel heimſuchen/ dich zum rechten Doctor machen/ vnd durch ſeine anfechtunge leren Gottes wort zu ſuchen vnd zu lieben. Denn ich ſelber (das ich meuſedreck auch mich vnter den pfeffer menge) habe ſeer viel meinen Papiſten zu dancken/ das ſie mich durch des Teufels toben/ ſo zuſchlagen/ zudrenget vnd zuengſtet/ das iſt/ einen zimlichen guten Theologen gemacht haben/ dahin ich ſonſt nicht komen were. Vnd was ſie dagegen an mir gewonnen haben/ da gan ich jnen die ehre/ ſieg vnd triumph herzlich wol/ Denn ſo wolten ſie es haben.

그렇기에 당신은 다윗이 언급된 시편에서, 그가 하나님의 말씀을 온갖 종류의 방법으로 (이미 말한 바와 같이) 명상하기 때문에, 견뎌야 하는 온갖 종류의 적들, 악한 지도자들 또는 폭군들, 거짓의 영 그리고 패거리들을 볼 수 있고, 그 때문에 매우 자주 한탄하는 것을 볼 수 있습니다.[141]

왜냐하면, 하나님의 말씀이 당신을 통과하는 즉시, 당신에게 악마가 엄습할 것이고, 당신을 진정한 박사로 만들 것이며 또한 그 시련을 지나는 동안 하나님의 말씀을 찾고 사랑하도록 당신을 가르칠 것이기 때문입니다. 참으로 저는 저 스스로(나는 쥐똥과 후추 사이에 나를 섞는다)[142] 교황주의자들에게 너무나도 감사하게 생각하고 있습니다.

그들이 악마의 광란을 통하여 괴롭히고 압박하고 상하게 한 것은 저를 꽤 올바르고 유익한 신학자로 만들어 왔습니다. 그게 없었다면 저는 이렇게 될 수 없었습니다. 그리고 저는 그들이 저에게서 얻어 간 명예, 승리, 아주 큰 승리를 진심으로 기꺼이 드립니다. 왜냐하면, 그들은 이것을 갖길 원하기 때문입니다.

---

141 마르틴 루터가 말하는 세 번째 신학 연구 방법인 "Tentatio"(시련)는 사실 우리가 행해야 할 행위라기보다 "오라티오"와 "메디타티오"를 행할 때 겪게 될 수밖에 없는 현상을 말하는 것이다. 본서 99-100페이지 "텐타티오"를 참고하라.
142 교황주의자들에게 감사를 느낀다는 반어법적 표현을 구사하는 자신을 보며 '후추와 뒤섞인 상태'라고 묘사한 것이다.

Sihe/ da haftu Dauids Regel/ Studirftu nu wol diefem Exempel nach/ fo wirftu mit jm auch fingen vnd rhümen/ in dem felben Pfalm/ Das Gefetze deines mundes ift mir lieber/ Denn viel taufend ftück Goldes vnd Silbers.[143] Jtem/ 'Du machft mich mit deinem Gebot weifer/ denn meine Feinde find/ Denn es ift ewiglich mein Schatz. Jch bin gelerter denn alle meine Lerer/ Denn deine Zeugnis find meine Rede. Jch bin klüger denn die Alten/ denn ich halte deinen Befelh' etc.[144] Vnd wirft erfaren/ wie fchal vnd faul dir der Veter Bücher fchmecken werden/ Wirft auch nicht allein der Widerfacher Bücher verachten/ fondern dir felbs beide, im fchreiben vnd leren je lenger je weniger gefallen. Wenn du hierher komen bift/ fo hoffe getroft/ das du habeft angefangen ein rechter Theologus[145] zu werden/ der nicht allein die jungen vnuollkomenen Chriften/ fondern auch die zunemenden vnd volkomen mügeft leren/ Denn Chriftus Kirche hat allerley Chriften in fich/ iung/ alt/ fchwach/ kranck/ gefund/ ftarck/ frifche/ faule/ alber/ weife etc.

---

143 "Das Gesetz deines Mundes ist mir lieber denn viel tausend Stück Gold und Silber"(Psa 119:72 L45). 루터 성서 본문과 거의 동일하다.
144 Psalm 119:98-100 L45과 완전히 동일하다.
145 독일어 'Theologe' 대신 라틴어를 사용했다.

여기 있는 다윗의 규칙을 보십시오. 이제 당신이 이 모범을 잘 연구하신다면 당신은 그와 함께 이 시편 구절같이 노래하고 찬양하게 될 것입니다.

"당신의 입의 법을 저의 수천의 금은 덩이보다 더 사랑합니다."[146]

또한, "당신은 당신의 계명으로 나를 나의 적들보다 더 지혜롭게 만드시니 그것은 나의 영원한 보물입니다. 제가 당신의 증거로 말하므로 저는 저의 스승들보다 더 박식합니다. 제가 당신의 명령들을 붙잡으므로 저는 노인들보다도 현명합니다"[147] 등.

그리고 당신은 교부들의 책들이 얼마나 진부하고 부패한 맛이 나는지 경험하게 될 것입니다. 또한, 단지 모든 적대자의 책을 업신여기게 될 뿐만 아니라 당신 자신이 저작하거나 가르치는 것, 둘 다 시간이 지날수록 점점 덜 좋아하게 될 것입니다. 여기까지 도달했다면 당신이 어리고 불완전한 그리스도인들뿐만 아니라 성장하고 모범적인 사람들까지 가르칠 수 있는 하나의 진정한 신학자가 되기 시작했다는 것에 대한 확신 찬 희망을 가지길 바랍니다. 왜냐하면, 그리스도의 교회에는 젊은, 늙은, 약한, 상처 입은, 건강한, 강한, 성실한, 게으른, 단순한, 지혜로운 기독교인 등등 온갖 종류의 기독교인들이 있기 때문입니다.

---

146 "주님께서 나에게 친히 일러주신 그 법이, 천만 금은보다 더 귀합니다"(시 119:72, 새번역).
147 "주님의 계명이 언제나 나와 함께 있으므로, 그 계명으로 주님께서는 나를 내 원수들보다 더 지혜롭게 해 주십니다. 내가 주님의 증거를 늘 생각하므로, 내가 내 스승들보다도 더 지혜롭게 되었습니다. 내가 주님의 법도를 따르므로, 노인들보다도 더 슬기로워졌습니다"(시 119:98-100, 새번역).

Füleſtu dich aber/ vnd leſſeſt dich düncken/ du habeſt es gewis/ vnd kützelſt dich mit deinen eigen Büchlin/ leren oder ſchreiben/ als habeſtu es ſeer köſtlich gemacht/ vnd trefflich gepredigt/ gefellet dir auch ſeer/ das man dich fur andern lobe/ wilt auch villeicht gelobet ſein/ Sonſt würdeſtu trauern oder ablaſſen. bistu der har[148]/ Lieber/ ſo greiff dir ſelber an deine Ohren/ Vnd greiffeſtu recht/ ſo wirſtu finden ein ſchön par/ groſſer/ langer/ raucher Eſelsohren/ So woge vollend die Koſt daran vnd/ ſchmücke ſie mit gülden ſchellen/ auff das/ wo du geheſt/ man dich hören künde, mit fingern auff dich weiſen vnd ſagen/ Sehet/ Sehet/ da gehet das feine Thier/ das ſo köſtliche Bücher ſchreiben vnd trefflich wol predigen kan/ Als denn biſtu ſelig vnd vberſelig im Himelreich. Ja, da dem Teufel ſampt ſeinen Engeln das helliſche feur bereit iſt. Summa/ laſſt vns ehre ſuchen/ vnd hohmütig ſein/ wo wir mügen/ Jn dieſem Buch iſt Gottes die Ehre allein Vnd heiſſt/ Deus superbis resistit, humilibus autem dat gratiam.[149] (1. Petrus 5, 5).

Cui est gloria in saecula saeculorum. Amen.[150]

---

148 "har"는 'hier'의 옛 변형어이다.
149 1Pe 5:5 VUL, 그는 신약성서 독어 번역을 완성한 시점이었음에도 불구하고 불가타역으로 이 서문을 마무리한다.
150 Gal 1:5 VUL, 두 번째 구절도 위 구절과 마찬가지로 불가타역을 썼

만약 당신이 쓴 소책자가 당신을 즐겁게 하고, 교훈들 또는 저작들을, 마치 대단히 훌륭하게 만들었다고 생각하고 탁월하게 설교하고, 그들이 당신까지도 몹시 좋아하고 또 다른 사람들이 당신을 칭찬하는 것을 당신이 스스로 체감하고 있고 당신 스스로도 이렇게 생각하고 있다고 확신한다면, 당신은 아마도 칭찬해 주길 원할 것입니다. 또 그렇게 되지 않을 때는 슬퍼하거나 그만두길 원할 것입니다. 당신이 이 사람입니까? 친애하는 그대여, 그렇다면 당신은 스스로 당신의 양쪽 귀를 손으로 잡아 보십시오.

당신이 제대로 잡는다면 당신은 크고 길고 거친 일종의 아름다운 당나귀 양쪽 귀 두 짝을 발견하게 될 것입니다. 그렇게 되었다면 그것을 위해 과감히 돈을 쓰십시오. 그리고 금종들로 장식까지 하십시오. 그러면 당신이 가는 곳마다 사람들이 듣고 손가락으로 가리키며 말할 것입니다.

"저기 봐! 저기 봐! 저기 훌륭한 책을 쓸 수 있고 탁월하게 잘 설교할 수 있는 훌륭한 짐승이 간다!"

자, 그러면 당신은 천국에서 기쁨에 가득 차게 되고 더 가득 차게 될 것입니다. 그렇습니다. 그곳은 악마와 더불어 그의 사자들에게 마련된 지옥의 불입니다. 요약하자면 우리가 할 수 있는 한 우리의 영광을 찾고 교만해집시다. 그러나 이 책 안에서는 하나님의 영광만이 홀로 있습니다. 또한, 말합니다. "하나님께서는 교만한 자를 물리치시고, 겸손한 사람에게 은혜를 베푸십니다"(벧전 5:5, 새번역).

"그의 영광이 세세토록 있을지어다. 아멘."[151]

지만 위 구절과 다르게 구절의 위치를 기재하지 않았다.
[151] 갈라디아서 1장 5절.

참고 자료

[국내 도서]

김경한.『르네상스 휴머니즘의 자유의지론』. 경기 : 태학사, 2006.

권형진.『독일사』. 서울 : 대한교과서. 2005.

뤼시앵 페브르 외 1명.『책의 탄생』. 강주헌 외 1명 역. 경기 : 돌베게. 2014.

마틴 라이언스.『책, 그 살아있는 역사』. 서지원 역. 경기: 21세기북스. 2011.

본회퍼.『본 회퍼의 시편 명상』. 김찬종 역. 서울 : 열린서원. 2004.

북스발럼 판 엣 스페이커르.『기도 묵상 시련』. 황대우 역. 경기 : 그책의사람들. 2012.

서울대학교 人文科學硏究所.『휴머니즘 연구』. 서울 : 서울대학교출판부. 1988.

알베르토 망구엘.『독서의 역사』. 정명진 역. 서울: 세종서적. 2000.

오토 루트비히, 이기숙.『쓰기의 역사』. 서울 : 연세대학교대학출판문화원. 2014.

우베 요쿰.『모든 책의 역사』. 박희라 역. 경기 : 마인드큐브. 2017.

이연학.『성경은 읽는 이와 함께 자란다』. 서울 : 성서와함께. 2006.

이경용.『말씀 묵상 기도』. 경기 :스텝스톤. 2011.

엔조 비앙키. 『말씀에서 샘솟는 기도』. 이연학 역. 서울 : 분도출판사. 2015.

장동수. 『신약성서 사본과 정경』. 대전 : 침례신학대학교출판부. 2010.

존 칼빈. 『기독교 강요(최종판) 상』. 원광연 역. 경기 : CH북스크리스천다이제스트. 2006.

제임스 윌호이트, 에반 하워드. 『렉시오 디비나』. 홍병룡 역. 경기 : 아바서원. 2016.

찰스 나우어트. 『휴머니즘과 르네상스 유럽문화』. 진원숙 역. 서울 : 혜안. 2002.

칼 호이시. 『세계교회사』. 손규태 역. 서울 : 한국신학연구소. 2012.

키스 휴스턴. 『책의 책』. 이은진 역. 경기 : 김영사. 2019.

패트릭 와인먼. 『창발의 시대』. 장영재 역. 서울 : Connecting. 2023.

하워드 L. 라이스. 『개혁주의 영성』. 황성철 역. 서울 : CLC. 2010.

[국외 도서]

Augustine, *The Confessions of Saint Augustine*, Translated by Edward B. Pusey (Grand Rapids, MI: Christian Classics Ethereal Library, 1999)

Dietrich Bonhoeffer, *Anleitung zur täglichen Meditation*, in: hrsg. von Eberhard Bethge, *Gesammelte Schriften*, Band II, (München: Chr. Kaiser Verlag, 1959)

Eusebius, *Life of Constantine*, Translated by Averil Cameron and Stuart G. Hall (Clarendon Press · Oxford, 1999)

Guigo II, *Epistola de vita contemplativa*, in: Translated by Edmund Colledge, James Walsh, *The Ladder of Monks: A Letter on the Contemplative Life and Twelve Meditations* (Kalamazoo, MI – Spencer, MA: Cistercian Publications, 1981)

Horatius, *Satirae*.

John Calvin, *Commentary on the Epistles of Paul the Apostle to the Corinthians*, vol. 1, Translated by Rev. John Pringle (Edinburgh: Printed for the Calvin Translation Society, 1848)

John Chrysostom, *Homilies on Matthew*, in : Translated by Philip SchAFF, *NICENE AND POST-NICENE FATHERS of THE CHRISTIAN CHURCH : Homilies on the Gospel of Saint Matthew* (Hendricson Publishers, 1995.06)

Lewis Bayly, *The Practice of Piety: Directing a Christian How to Walk, That He May Please God* (London: amilton, Adams & Co., Paternoster Row, 1842)

Lewis W. Spitz, *LUTHER'S WORKS,* Vol. 34 (FORTRESS PRESS/ PHILADELPHIA, 1988)

Martin Luther, *The Letter of Martin Luther*, Translated by Margaret A. Currie (Macmillan & Co., Limited St. Martin's Street, London)

Martin Luther, *Der Erste teil Der Bücher D. mart. Luth. vber etliche Epistel der aposteln*, Hrsg. von Justus Menius, (Wittemberg:Hans Lufft, M. D. XXXIX)

[성서]

Die Ganze Heilige Schrift Luther Bibel 1545

Latin Vulgate

Leningrad Hebrew old testament

Cansteinischen bible (1784)

새번역

개역개정

공동번역

[사전]

Holladay Hebrew Lexicon

Jacob, Wilhelm Grimm, *Deutsches Wörterbuch*(Weidmann's Publishing House)

TWOT Hebrew Lexicon

허형근, 『엣센스 독한사전』. 경기 : 민중서림. 2020.

[홈페이지]

https://www.olivetano.com/regulation(베네딕토 규칙서)

https://ko.glosbe.com/ko/gmh(Glosbe 중세 고지 독일어사전)

https://ostbib.hypotheses.org/tag/hussitenbibel(후스파 성서 관련 정보)

http://www.saintgregoryoutreach.org/2010/01/prayers-of-st-john-chrysostom-before.html(요한크리소스톰의 기도문-영적 본문을 읽기 전)

부록 I

현대인들을 위한 묵상 가이드

1. 자리 찾기

> 너는 기도할 때에, 골방에 들어가 문을 닫고서, 숨어서 계시는 네 아버지께 기도하여라. 그리하면 숨어서 보시는 너의 아버지께서 너에게 갚아 주실 것이다(마 6:6, 새번역).

우리 아버지와의 대화가 방해받지 않도록 혼자 있는 곳을 찾읍시다. 될 수 있다면 어둡고 소리가 없는 곳이 좋겠습니다. 예수님께서 한적한 곳에서 자주 기도하셨고(막 1:35; 6:46; 눅 5:16; 22:41) 어두운 중에 자주 기도하셨던 것처럼(막 1:35; 눅 6:12) 시각적, 청각적, 외적 자극을 피할 수 있는 곳을 찾으십시오.

예수님께서는 우리 아버지께서 그러한 곳에서 숨어서 우리를 보신다고 하셨습니다. 그곳에서 아버지께서 우리에게 분명 무엇인가를 주실 것입니다. 예수님께서 그렇게 가르치셨기 때문입니다.

2. 성령님을 청하기

> 보혜사, 곧 아버지께서 내 이름으로 보내실 성령께서, 너희에게 모든 것을 가르쳐 주실 것이며, 또 내가 너희에게 말한 모든 것을 생각나게 하실 것이다(요 14:26, 새번역).

자리를 찾으셨다면 우리 성령님을 청합시다. 오직 성령님께서 주시는 감동을(벧후 1:21) 사모하는 마음으로 성령님을 청합시다. 성령을 청하는 찬양도 괜찮습니다. 저는 주로 "주님의 성령"이라는 찬양을 합니다.

이전에 알던 성서 구절에 대한 지식은 성령께서 그 구절을 통해서 주시는 감동에 비하면 아무것도 아닙니다(요 7:49; 롬 7:9; 딤전 1:7). 성령 하나님께서는 오늘 성서 구절을 통해서 우리에게 하나님의 사랑을 보이실 것입니다. 오직 성령께서 가르치시고 감동을 베푸시길 기대하는 마음으로 성령을 청합시다.

3. 성서 구절 읽기

> 주님의 입으로 말씀하신 그 모든 규례들을, 내 입술이 큰소리로 반복하겠습니다(시 119:13, 새번역).

성령님을 청하셨다면 이제 묵상 본문을 소리 내어 읽으십시오. 그렇다면 귀로 소리가 들릴 것입니다. 그것은 하나님의 말씀입니다. 조금 더 생각해 보면 알 수 있는 게 있습니다. 그것은 인간에게 하나님의 말씀이 허락되었다는 것, 인간이 하나님의 말씀을 들을 수 있다는 것은 하나님께서 인간에게 무언가 전달하고자 하신다는 것입니다. 그것은 바로 지고한 아버지의 사랑입니다.

우리가 글자 이면에 있는 그 아버지의 사랑을 깊이 깨달을 수 있도록, 될 수 있으면 천천히 그리고 주도면밀히 읽으십시오. 두세 번 반복하여 본문을 읽는 것이 좋겠습니다.

온 마음을 집중하고 온 지성을 동원하여 모든 자신을 다하여 경청하시길 바랍니다.

4. 되새기기

> 주님께서 하신 일을, 나는 회상하렵니다. 그 옛날에 주님께서 이루신, 놀라운 그 일들을 기억하렵니다. 주님께서 해 주신 모든 일을 하나하나 되뇌고, 주님께서 이루신 그 크신 일들을 깊이깊이 되새기겠습니다(시 77: 11-12, 새번역).

이제 오늘 읽은 묵상 본문에서 마음에 와닿는 구절을 뽑아 보길 바랍니다. 그리고 그 구절 중에 한 문장을 고르거나 만드시길 바랍니다. 위 구절로 예를 들면 "주님께서 하신 일을 회상하렵니다"와 같이 한 문장으로 만드십시오. 그리고 그 하나를 되뇌는 것입니다. 천천히 반복하여 읊조리고 되씹으십시오. 숙고하십시오. 마음으로 아버지께 여쭈십시오. 단 10분이라도 좋습니다. 이 세상의 것이 아닌 성령 하나님께서 주시는 감동을 바라보십시오. 읊조리는 말씀을 통해 그리스도를 연상하십시오. 자신의 삶도 바라보십시오. 하지만, 섣불리 결론을 내고자 하는 마음은 안 됩니다. 성령의 감동을 누리고자 하십시오. 숨어 계시는 아버지께서 우리에게 말씀하십니다. 우리는 그 음성을 통해 아버지께서 나를 사랑하고 좋아하시는 것을 느끼실 수 있을 것입니다(마 3:17).

5. 숙고하기

> 주님의 계명들을 내가 사랑하기에, 두 손을 들어서 환영하고, 주님의 율례들을 깊이 묵상합니다(시편 119:48, 새번역).

자, 이제 침묵합시다. 그리고 말씀을 깊이 음미합시다. 그리고 숙고합시다. 깊은 침묵 중에도 아버지께 여쭈실 수도 있고 주시는 감동과 깨달음을 음미할 수도 있습니다. 자유롭게 성령이 이끄시는 대로 하십시오. 이는 아버지와 당신의 둘만의 시간입니다. 하지만, 성령님께 항상 의존한 상태로 하여야 한다는 것을 잊지 마시길 바랍니다.

우리, 이 묵상을 통해 발견한 그리스도와 하나님의 사랑을 바라봅시다. 주시는 그 사랑을 온전히 받아들이시기 바랍니다. 아버지의 사랑을 온전히 받아들이고, 또 그 사랑을 보이신 예수 그리스도와 일치하여 가십시오. 침묵 시간에 저는 되새기기 시간의 절반 정도를 할애합니다.

6. 응답하기

주님의 말씀의 맛이 내게 어찌 그리도 단지요? 내 입에는 꿀보다 더 답니다(시 119:103, 새번역).

우리는 지금까지 주님의 말씀을 들었습니다. 성령님을 통해서 알고 느낀 우리 아버지의 사랑에 화답합시다. 자유롭게 진정한 마음에서 우러난 감사와 찬양을 드리십시오. 생각나는 찬양이 있으면 찬양을 드리셔도 됩니다.

저는 주로 아버지의 사랑을 느끼기에 아버지의 사랑에 대한 찬양을 드립니다.

7. 일상으로

내가 주의 법을 어찌 그리 사랑하는지요 내가 그것을 종일 작은 소리로 읊조리나이다(시 119:97, 개역개정).

자, 이렇게 묵상이 끝났으면 되새겼던 구절이 기억나실 것입니다. 그 구절을 가지고 일상으로 가십시오. 베드로가 변화산에 초막 셋을 짓고 머물고 싶어 했지만 결국 산에서 내려온 것처럼(막 9:2-9) 주님의 신비를 경험하는 시간은 귀하지만 우리는 일상으로 돌아와야 합니다. 하지만 우리에게 하나님의 말씀이 남아 있습니다. 일상 중에 그것을 되새기십시오. 하나님께서 일상 중에도 그것을 통해서 말씀하십니다. 성령님께서 일상 중에 감동을 주실 것입니다. 이로써 "항상 기뻐하십시오. 끊임없이 기도하십시오. 모든 일에 감사하십시오. 이것이 그리스도 예수 안에서 여러분에게 바라시는 하나님의 뜻입니다"라고 기록된 데살로니가전서 5장 16절 말씀(새번역)이 실현되는 것입니다.

부록 II

루터 구약성서 목록

Martin Luther, Biblia: das ist: Die gantze Heilige Schrifft: Deudsch
Auffs New zugericht. D. Mart. Luth (hans lufft, M. D. XL)

마르틴 루터, 성서 : 마르틴 루터 박사가 새로 정리한
전체 성서 (한스 루프트, 1541년)
속표지와 구약성서 목록

주해

1. 이 자료들은 1541년판 루터 성서에 수록된 속표지와 구약 목록이다. 1534년에 루터의 신구약 통합 성서가 처음 등장했다. 그러나 지속적인 개정을 걸쳤고 1545년에 와서 루터 성서 최종판이 나오게 된다. 1541년이면 최종판이 나오기 전의 성서였다는 것을 알 수 있다.

2. 이 구약 목록을 통해 루터가 표현한 "dem fünffte Buch Moſi"(모세의 다섯 번째 책), 혹은 "den Text des Moſe und anderer Bücher"(모세의 본문과 다른 책들)가 무엇을 말하는지에 대한 루터의 시선을 보다 세밀히 알 수 있다.

부록 II 루터 구약성서 목록

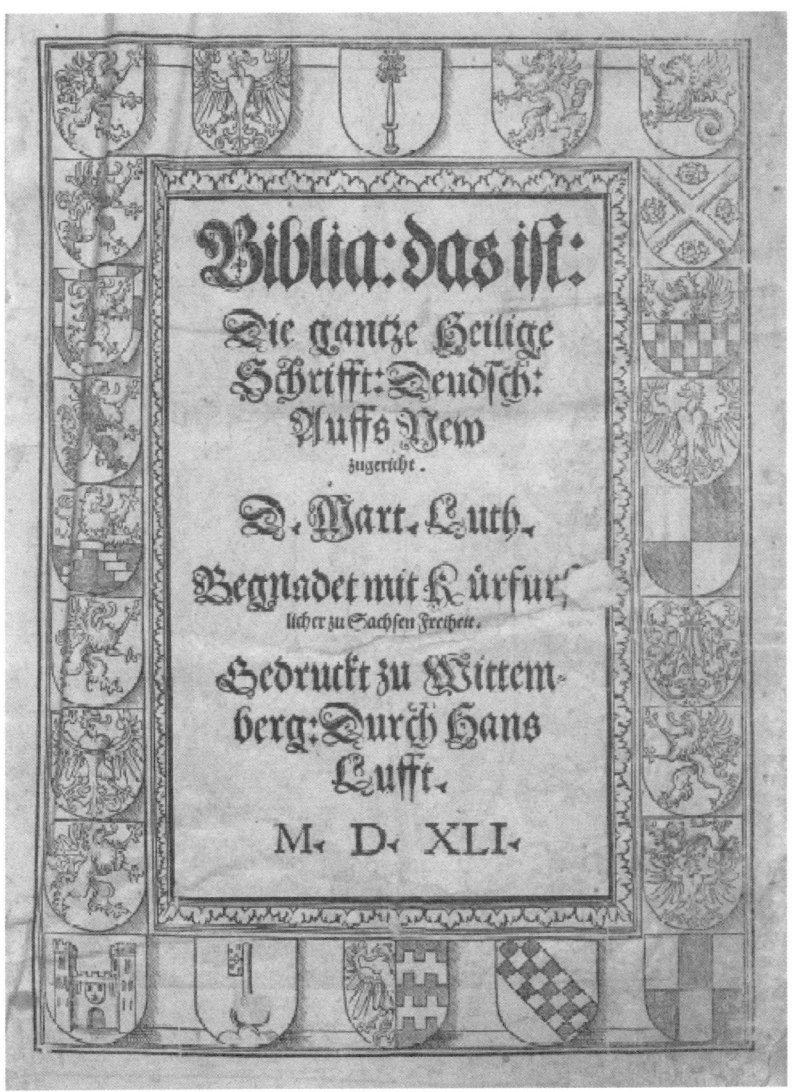

출처: https://nbn-resolving.org/urn:nbn:de:gbv:3:1-267695-p0005-6

Bücher des Alten Testaments.
XXIIII:

I.	Das erste Buch Mose.	Genesis.
II.	Das ander buch Mose.	Exodus.
III.	Das dritte buch Mose.	Leuiticus.
IIII.	Das vierde buch Mose.	Numeri.
V.	Das fünffte buch Mose.	Deuteronomius.
VI.	Josua.	
VII.	Der Richter.	Judicum.
VIII.	Ruth.	
IX.	Samuel.	Regum. j. ij.
X.	Der König.	Regum. iij. iiij.
XI.	Chronica.	Paralipomenon. j. ij.
XII.	Esra.	
XIII.	Nehemja.	
XIIII.	Esther.	
XV.	Hiob.	
XVI.	Psalter.	
XVII.	Sprüche Salomonis.	Prouerbiorum.
XVIII.	Prediger Salomonis.	Ecclesiastes.
XIX.	Hohelied Salomonis.	Canticum Canticorum
XX.	Jesaia.	j. Hosea.
XXI.	Jeremia.	ij. Joel.
XXII.	Hesekiel.	iij. Amos.
XXIII.	Daniel.	iiij. ObadJa.
		v. Jona.
XXIIII.	Zwelff kleine Propheten/ mit namen.	vj. Micha.
		vij. Nahum.
		viij. Habacuc.
	Apocrypha.	ix. Zephanja.
	Judith.	x. Haggai.
	Das Buch der Weisheit.	xj. Sacharja.
	Tobia.	xij. Malcachi.
	Jesus Syrach.	
	Baruch.	
	Maccabeorum.	
	Stücke in Esther vnd Daniel.	

부록 III

원본 이미지

『Der Erste teil Der Bücher D. mart. Luth. vber etliche Epistel der aposteln』
Wittemberg. M. D. XXXIX

『몇몇 사도들의 서신에 관한 마르틴 루터 박사의 전집 제1권』
비텐베르크판
1539년

Vorrede D. Martin Luther.

Ern hette ichs gesehen/das meine Bücher allesampt weren dahinden blieben vnd vntergangen. Vnd ist vnter andern vrsachen eine/ Das mir grawet fur dem Exempel/Denn ich wol sehe/was nutzes in der Kirchen geschafft ist/da man hat auffer vnd neben der heiligen Schrifft/ angefangen viel Bücher vnd grosse Bibliotheken zu samlen/ sonderlich / on alle vnterscheid / allerley Veter / Concilia vnd Lerer auffzuraffen. Damit nicht allein die edle zeit vnd studieren in der Schrifft/ versemet/sondern auch die reine erkentnis Göttliches worts endlich verloren ist/bis die Biblia (wie dem fünfften buch Mosi geschach/zur zeit der Könige Juda) vnter der banck im staube vergessen ist.

Vnd wiewol es nützlich vnd notig ist/ das etlicher Veter vnd Concilien schrifft blieben sind/als Zeugen vnd Historien/So dencke ich doch/Est modus in rebus/vnd sey nicht schade/ das vieler Veter vnd Concilien bücher /durch Gottes Gnade sind vntergangen. Denn wo sie alle betten sollen bleiben/solte wol niemand weder ein noch ausgeben können fur den Büchern/vnd würdens doch nicht besser gemacht haben / denn mans in der heiligen Schrifft findet.

Auch ist das vnser meinung gewest/da wir die Biblia selbs zu verdeudschen anfiengen/das wir hofften/Es solt des schreibens weniger/ vnd des studirens vnd lesens in der Schrifft mehr werden. Denn auch alles ander schreiben/in vnd zu der Schrifft/wie Johannes zu Christo/ weisen sol/wie er spricht/Ich mus abnemen/Dieser mus zunemen. Damit ein jglicher selbs möchte aus der frischen quelle trincken/wie alle Veter/ so etwas guts haben wollen machen/haben thun mussen. Denn so gut werdens weder Concilia/Veter/noch wir machen / wens auch auffs höhest vnd beste geraten kan/als die heilige Schrifft/das ist Gott selbs/gemacht hat/Ob wir wol auch den heiligen Geist/glauben/Göttliche rede vnd werck haben mussen/so wir sollen selig werden/Als die wir müssen die Propheten vnd Aposteln lassen auff dem Pult sitzen/vnd wir hie nieden zu jren Füssen hören/was sie sagen/vnd nicht sagen/ was sie hören müssen.

Nu ichs aber ia nicht kan wehren /vnd man/ on meinen danck/ meine Bücher wil durch den druck (mir zu kleinen ehren)itzt samlen/ mus ich sie die kost vnd erbeit lassen dran wogen. Tröste mich des/das mit der zeit doch meine Bücher werden bleiben im staube vergessen/sonderlich wo ich etwas guts (durch Gottes gnaden) geschrieben habe/ Non ero melior Patribus meis/das ander solt wol am ersten bleiben. Denn so man hat können die Biblia selbs lassen vnter der Banck ligen/ auch die Veter vnd Concilia/ je besser je mehr/vergessen/ Ist gute hoffnung

Vorrede

nung/wenn dieser zeit furwitz gebüsst ist/meine bücher sollen auch nicht lange bleiben/Sonderlich weil es so hat angefangen zu schneien vnd zu regenen mit Büchern vnd Meistern/Welcher auch bereit an viel da ligen vergessen vnd verwesen/das man auch jrer Namen nicht mehr ge denckt/die doch freilich gehofft/sie wurden ewiglich auff dem Marckt veil sein vnd Kirchen meistern.

Wolan/so las gehen in Gottes Namen. Vn das ich freundlich bitte/wer meine Bücher zu dieser zeit ia haben wil/der lasse sie jm bey leibe nicht sein ein hindernis/die Schrifft selbs zu studirn/sondern lege sie/wie ich des Babsts Drecket vñ Drecketal vnd der Sophisten bücher lege/das ist/Ob ich zu zeiten sehen/was sie gemacht/oder auch die ge schicht der zeit/rechen wolle/Nicht das ich darinne studirn oder so eben darnach thun müste/was sie gedaucht hat/Nicht viel anders thu ich mit der Veter vnd Concilien Bücher auch.

Vnd folge hierin dem Exempel S.Augustin/der vnter andern der erst vnd fast allein ist/der von aller Veter vnd Heiligen bücher wil vngefan gen/allein der heiligen Schrifft/vnterworffen sein./Vnd darumb kam in einen harten straus mit S. Hieronymo/der jm furwarff/seiner Vor faren bücher/Aber daran er sich nichts keret. Vnd hette man solchem Exempel S.Augustini gefolget/der Babst were kein Antichrist wor den/vnd were das vnzeliche vnzifer/gewürm vnd geschwürm der Bü cher nicht in die Kirchen komen/vnd die Biblia wol auff der Cantzel blieben.

Aber das wil ich dir anzeigen eine rechte weise in der Theologia zu studirn/der ich mich geübet habe/wo du die selbigen heltest/soltu also gelert werden/das du selbs könnest (wo es not were) ia so gute Bücher machen/als die Veter vñ Concilia/Wie ich mich (in Gott) auch vermessen vnd on hohmut vnd lügen rümen thar/das ich etli chen der Veter wolt nicht viel zuuor geben/wenn es sol bücher machens gelten/Des lebens kan ich mich weit nicht gleich rhümen. Vnd ist das die weise die der heilige König Dauid (On zweiuel auch alle Patriar chen vnd Propheten gehalten) leret im 119. Psalm/Da wirstu drey Re gel innen finden/durch den gantzen Psalm/reichlich furgestellet. Vnd heissen also/Oratio/Meditatio/Tentatio.

Erstlich soltu wissen/das die heilige Schrifft ein solch Buch ist das aller ander Bücher weisheit zur narrheit macht/weil keins vom ewigen leben leret/on dis allein. Darumb soltu an deinem sinn vnd verstand stracks verzagen/Denn damit wirstu es nicht erlangen/Sondern mit solcher vermessenheit dich selbs vnd andere mit dir stür tzen vom Himel (wie Lucifer geschach) in abgrund der Hellen. Son dern knie nider in deinem Kemerlein vnd bitte mit rechter demut vnd ernst zu Gott/das er dir durch seinen lieben Son/wolle seinen heiligen Geist geben/der dich erleuchte/leite vnd verstand gebe.

Wie du sihest/das Dauid in obgenantem Psalm jmer bittet/Lere mich/HERR vnterweise mich/füre mich/zeige mir/vnd der wort viel mehr/

D. Martin Luthers.

viel mehr / So er doch den Text Mosi vnd ander mehr Bücher wol kundte/ auch teglich höret vnd lase/ Noch wil er den rechten Meister der Schrifft selbs dazu haben. Auff das er ja nicht mit der Vernunfft drein falle/ vnd sein selbs Meister werde / Denn da werden Rottengeister aus / die sich lassen duncken / die Schrifft sey jnen vnterworffen/ vnd leichtlich mit jrer Vernunfft zuerlangen / als were es Marcolfus oder Esopus Fabeln / da sie keins heiligen Geists noch betens zu durffen.

Zum andern / soltu meditirn/ das ist/ Nicht allein im hertzen/ sondern auch eusserlich / die mündliche rede / vnd buchstabische wort im Buch jmer treiben vnd reiben/ lesen vnd widerlesen / mit vleissigem auffmercken vnd nachdencken/ was der heilige Geist damit meinet. Vnd hüte dich / das du nicht vberdrussig werdest/ oder denckest / du habest es ein mal oder zwey / gnug gelesen / gehöret / gesagt / vnd verstehest es alles zu grund/ Denn da wird kein sonderlicher Theologus nimer mehr aus/ Vnd sind wie das vnzeitige Obs/ das abfellet ehe es halb reiff wird.

Darumb sihestu in dem selbigen Psalm / wie David jmerdar rhümet/ Er wölle reden/ tichten/ sagen/ singen/ hören/ lesen/ tag vnd nacht vnd jmerdar/ Doch nichts denn allein von Gottes wort vnd Geboten. Denn Gott wil dir seinen Geist nicht geben/ on das eusserliche wort/ da richt dich nach/ Denn er hats nicht vergeblich befolhen/ eusserlich zu schreiben/ predigen/ lesen/ hören/ singen/ sagen etc.

Zum dritten ist da Tentatio/ anfechtung/ Die ist der Prüfestein/ die leret dich nicht allein wissen vnd verstehen/ sondern auch erfaren/ wie recht/ wie warhafftig/ wie süsse/ wie lieblich/ wie mechtig/ wie tröstlich Gottes wort sey/ weisheit vber alle weisheit.

Darumb sihestu/ wie David in dem genanten Psalm so offt klagt vber allerley Feinde/ freule Fürsten oder Tyrannen/ vber falsche Geister vnd Rotten / die er leiden mus / darumb das er meditirt/ das ist/ mit Gottes wort vmbgehet(wie gesagt) allerley weise. Denn so bald Gottes wort auffgehet durch dich/ so wird dich der Teufel heimsuchen/ dich zum rechten Doctor machen/ vnd durch seine anfechtunge leren Gottes wort zu suchen vnd zu lieben. Denn ich selber (das ich meusedreck auch mich vnter den pfeffer menge) habe seer viel meinen Papisten zu dancken/ das sie mich durch des Teufels toben/ so zuschlagen/ zudrenget vnd zu engstet/ das ist / einen zimlichen guten Theologen gemacht haben/ da hin ich sonst nicht komen were. Vnd was sie dagegen an mir gewonnen haben/ da gan ich jnen der ehren/ sieg vnd triumph hertzlich wol/ Denn so wolten sie es haben.

Sihe/ da hastu Davids Regel/ Studirstu nu wol diesem Exempel nach/ so wirstu mit jm auch singen vnd rhümen/ in dem selben Psalm/ Das Gesetze deines mundes ist mir lieber/ Denn viel tausent stück Goldes vnd Silbers. Item / Du machst mich mit deinem Gebot weiser/ denn meine Feinde sind/ Denn es ist ewiglich mein Schatz. Ich bin

x iij   gelerter

Vorrede D. Martin. Luthers.

gelerter denn alle meine Lerer / Denn deine Zeugnis sind meine Rede. Ich bin klüger denn die Alten / Denn ich halte deinen Befelh etc. Vnd wirst erfaren / wie schal vnd faul dir der Peter bücher schmecken werden / Wirst auch nicht allein der Widersacher Bücher verachten / sondern dir selbs beide im schreiben vnd leren je lenger je weniger gefallen. Wenn du bieher komen bist / so hoffe getrost / das du habest angefangen ein rechter Theologus zu werden / der nicht allein die jungen vnuolkomenen Christen / sondern auch die zunemenden vnd volkomen mügest leren / Denn Christus Kirche hat allerley Christen in sich / jung / alt / schwach / kranck / gesund / starck / frische / faule / alber / weise / etc.

Fülestu dich aber / vnd lessest dich düncken / du habest es gewis / vnd kützelst dich mit deinen eigen Büchlin / leren oder schreiben / als habestu es seer köstlich gemacht / vnd trefflich gepredigt / gefellet dir auch seer / das man dich fur andern lobe / Wilt auch villeicht gelobet sein / Sonst würdestu trauren oder ablassen. Bistu der har / Lieber / so greiff dir selber an deine Ohren / Vnd greiffestu recht / so wirstu finden ein schön par / grosser / langer / raucher Eselsoren / So woge vollend die kost daran / vnd schmücke sie mit gülden schellen / auff das / wo du gehest / man dich
hören künde / mit fingern auff dich weisen vnd sagen / Sehet /
Sehet / da gehet das feine Thier / das so köstliche Bücher schreiben vnd trefflich wol predigen kan / Als
denn bistu selig vnd vberselig / im Himelreich /
Ja da dem Teufel sampt seinen Engeln /
das hellische feur bereit ist. Summa /
lasst vns ehre suchen / vnd hohmü
tig sein / wo wir mügen / In
diesem Buch ist Gottes
die Ehre allein /
Vnd heisst /

Deus superbis resistit, Humilibus autem dat gratiam, Cui est
gloria in secula seculorum, Amen.

부록 IV

16세기 독일어 옛 표기, 고어, 사어, 변형 등

1. 알파벳

현대		본문의 알파벳		현대		본문의 알파벳	
A	a			Q	q	없음	
B	b			R	r		
C	c			S	s		
D	d			T	t		
E	e			U	u		
F	f			V	v		
G	g			W	w		
H	h			X	x	없음	

부록 IV 16세기 독일어 옛 표기, 고어, 사어, 변형 등   161

I	i	ℑ	i	Y	y	없음	y
J	j	ℑ	i	Z	z	ȝ	ȝ
K	k	𝔎	k	Ä	ä	없음	없음
L	l	𝔏	l	Ö	ö	없음	ö
M	m	𝔐	m	Ü	ü	없음	ü
N	n	𝔑	n	ß		없음	없음
O	o	𝔒	o	고지 독어(후치경음)			
P	p	𝔓	p	ſ			ſ

2. 단어 변화

알파벳 단순 변화	
antichriſt > antichrist	geſagt > gesagt
allerley > allerlei	geſehen > gesehen
Auguſtin > Augustin	geſchrieben > geschrieben
auſſer > außer	geſchwürm > geschwürm
babſt > papst; babſts > papsts	geſund > gesund
beſte > beste	groſſer > großer
beſſer > besser	habeſt > habest
chriſto > Christo	heiſſen > heißen
chriſtus > christus	hellen > höllen
chriſten > christen	helteſt > hältst
das > daß (정관사가 필요하지 않은 경우)	hette > hätte
	hiſtorien > Historien
daruber > darüber	iſt > ist
dieſer > dieser	köſtlich > köstlich
dieſem > diesem	köſtliche > köstliche
doktor	kützelſt > kitzelst
drey > drei	laſſen > lassen
engſtet > ängstet	laſſe > lasse

ernſt > ernst	lenger > länger
erſtlich > erstilch	leſſeſt > läßt
eufferlich > äußerlich	machſt > machst
enfferliche > äußerliche	mechtig > mächtig
faſt > fast	meiſter > meister
falſche > falsche	meuſedreck > mäusedreck
friſchen > frischen	muſſen > müssen
füſſen > füssen	mügest > mögest
gebüſſt > gebüßt	notig > nötig
geiſt > geist; geiſter > geister	pſalm > psalm
geleſen > gelesen	rottengeiſter > rottengeister
geweſt > gewest	sey > sei
sonſt > sonst	ſelig > selig
sophisten > sophiſten	ſey > sei
tauſent > tausend	ſie > sie
teglich > täglich	ſich > sich
tichten > dichten	ſieg > sieg
theologia > theologie	ſind > sind
tröſte > tröste; tröſtlich > tröstlich	ſingen > singen
	ſinn > sinn
uber > über	ſitzen > sitzen

unſer > unser	ſchal > schal
vergeſſen > vergessen	ſchellen > schellen
vermeſſenheit > vermessenheit	ſchmücke > schmücke
verweſen > verwesen	ſchmecken > schmecken
verſtand > verstand	ſchön > schön
verſtehen > verstehen	ſchreiben > schreiben
verſteheſt > verstehst	ſo > so
Veter > Väter	ſolcher > solcher
weiſer > weiser	ſollen > sollen;
werdeſt > werdest	ſonderlich > sonderlich;
were > wäre; weren > wären	ſonderlicher > sonderlicher
widerſacher > widersacher	ſondern > sondern
wiſſen > wissen	ſonſt > sonst
wölle > wolle	ſpricht > spricht
zwey > zwei	ſtaube > staube
ſagen > sagen	ſtracks > stracks
ſchade > schade	ſtraus > straus
ſchlagen > schlagen	ſtudieren > Studieren
ſchneien > schneien	ſtudierens > Studieren
ſchreibens > schreibens	ſuchen > suchen

ſehen > sehen; ſehe > sehe ſeiner > seiner ſelbs, ſelbst > selbst	

고어, 옛 표기 및 약어	
abfellet > abfällt	fur > vor
abnemen > abnehmen	fure > führe
alber > albern	furgeſtellet > vorgestellt
alleſampt > allesamt	furwitz > vorwitz
ander > andern, anderer	gan > gönne
anfiengen > anfingen	gefellet > gefällt
auff > auf; auffs > aufs	gefolget > gefolgt
auffgehet > ausgeht	geheſt > gehst
auffmercken > aufmerken	gehöret > gehört
auffzuraffen > zusammenzuraffen	gelert > gelehrt
	gelobet > gelobt
beyleibe > beileibe	genanten > genannten
biblia > bible	gentzen > genzen
biſt > bis	geraten > gerathen
büchlin > büchlein	getroſt > getrost

cantzel > kanzel	geübet > geübt
dahinden > dahinten	geſchach > geschah
darumb > darum	geſchicht > geschichte
danck > dank	geſetze > gesetz
drenget > drängt	greiff > greif
duncken > dünken	gung > geung
durffen > dürfen	gülden > güldnen
erbeit > arbeit	har > art
erfaren > erfahren	hertzen >herzer
erkentnis > erkenntnis	hohmut > hochmut
erſt > erste	höret > hörte
euſſerliche > äußerliche	höheſt > höchste
eſelsoren > eselsohren	im > ihm
Eſopus > Aesops	imerdar > immerdar
freuele > frevle	par > paar
irer > ihrer	prüfefein > Prüfstein
itzt > jetzt	raucher > rauher
jglicher > jeglicher	rhümet >rühmt
jmer > immer	regenen > regnen
jmerdar >immerder	reiff > reif
jnen > ihnen	rhümen > rühmen

jrer > ihrer	rümen > rühmen
kan > kann	schrifft, ſchrifft > schrift
kemerlein > Kämmerlein	sohn > son
keret > kehrt	thar > wage
komen > kommen	thier > tier
kranck > krank	thun > tun
kunde > könnte	trauren > trauern
kundte > kannte	trincken > trinken
leichilich >leicht	uberdruffig > überdrüssig
lere > leher; lerer > Lehrer, lehrt	umbgehet > umgeht
	unterweiſe > unterweise
leſen > lesen; leſens > lesens; lase > las	unterworffen > unterworfen
	unterſcheid > Unterscheidung
ligen > liegen	unuolkomenen > unvollkommenen
nimermehr > nimmermehr	
marck > markt	unzeliche > unzählige
meditirn > meditieren	unzifer > ungeziefer
meinet > meint	uñ > und
moſi > mosis	verdeudſchen > verdeutschen
mus > muss	vernunff > Vernunft
müſte >müsste	villecht > vielleicht

nider > nieder	vernunff > Vernunft
notig > nötig	villecht > vielleicht
obs > obst	vleilligem > fleißigem
offt > oft	volkomen > vollkommen
on > ohne	vollend > vollends
warhafftig > wahrhaftig	vorfaren > vorfahren
werck > werk	ſamlen > sammeln
wens > wenns	ſchwach > schwach
widerleſen > widerlesen	ſeer > sehr
wil > will; wils > willst;	ſelbigen > selbig
wolt > wollten	ſelbs > selbst
woge > wage	ſey > sei
wohlan > wolan	ſihe > siehe
wol > wolh	ſiheſt > siehst
zimlichen > ziemlichen	ſol > soll; ſolt > sollt; ſolte > sollte
zuuor > nach	
zunemen > zunehmen	ſolchem > solchen
zunemenden > zunehmenden	ſtudirn > studieren
zweiuel > zweifel	ſtürtzen > stürzen
	ſüſſe > süß

1) 숙어 변형

da ~ aus > daraus

da ~ nach > danach

dem ſelbigen > demselben

unter andern > unter anderem

ſo bald > sobald

2) 결합어 변형

Biſtu > biſt du > bist du

fühlſtu > fühlſt du > Fühlst du

greiffeſtu > greiffeſt du > greifest du

hats > hat es

habeſtu > habeſt du > habest du

haſtu > haſt du > hast du

nachdenckeu > nachdencken du > nachdenken du

nutzesin > nutzen es

studirſtu > studierſt du > studierst du

wiewol > wie wohl

wirſtu > wirſt du > wirst du

würdeſtu > würdeſt du > würdest du
ſoltu > ſolt du > sollst du
ſiheſtu > sieht du

3. 주해

독해를 위해서 넘어야 할 걸림돌은 크게 두 가지가 존재한다. 한 가지는 당시 인쇄체에 대한 이해이고 다른 하나는 지금은 쓰이지 않거나 표기법이 변경된 옛 표기법, 약어, 고어에 대한 것들이다.

1) 본문 인쇄체

15세기 초기 유럽의 인쇄업자들은 목판이나 금속활자에 우리가 일반적으로 '고딕' 또는 'blackletter' 서체라고 부르는 것을 반영하였다. 이 흐름에는 독일도 제외되지 않았는데 당시 독일은 고대 로마의 정사각형 대문자와 카롤링거 왕조의 소문자를 모델로 한 글자체를 만들어 독일 특유의 고딕 알파벳 인쇄 서체인 'Fraktur'(프락투어)라는 글자체를 만들었다.

부록 IV 16세기 독일어 옛 표기, 고어, 사어, 변형 등   171

<부록 III>에서 볼 수 있는 원본의 서체는 바로 이 'Fraktur'이다. 즉, 각 알파벳의 인쇄체를 이해해야 본문을 독해할 수 있다.

2) 옛 표기, 고어, 사어, 변형

지금은 쓰이지 않는 옛 표기, 고어, 약어에 관한 것이다. 먼저는 우리가 쓰지 않는 알파벳이 있다. 그것은 'ſ'이다.

또한, 대신 당시에는 'ß'(에스체트)는 없었고 지금은 쓰지 않는 'ſ'(롱에스)가 쓰였다고 해서 그 둘이 치환되는 것은 아니다. 하지만 치환되는 경우도 있다.

이 'ſ'는 '긴 S'(long s)라고도 불리는데 일반적으로는 인쇄 기술의 부족으로 단어의 처음이나 중간에 S 대신 들어가기도 했다. 또한 'ß'의 문자소 전반부의 기초라고 설명되기도 한다.

독일에서 'S'와 'ſ'를 구별하는 것에 대한 이점과 단점을 논하기도 하는데 'S'와 'ſ'가 완전히 동일하진 않은 것으로 보이며 마르틴 루터의 묵상법을 번역하는 데 있어서 이 부분은 독어 체계 정립의 과도기적 상황의 산물로 이해하고 넘어가는 것으로 충분하다고 생각된다.

① 'ß'는 'ff'나 'ff'에서 치환되는 경우가 몇 있다. 또한 'das'가 'daß'의 의미로 쓰이는 경우들이 있는데 항상 그런 것은 아니다. 그러므로 'das'가 정관사로 쓰일지 접속사로 쓰일지 문맥을 보고 판단해야 한다.

② 'i'가 'y'로 쓰이는 경우가 있고 'ä'는 대부분 'e'로 쓰인다. i와 'j'는 알파벳 모양이 거의 차이가 없어 잘 봐야 하고, 또한 'u'는 소문자체가 있음에도 불구하고 'v'와 혼용하여 많이 쓰인다.

③ 'f'가 'ff'로 쓰이는 경우나, 반대로 'nn'이 'n'으로 쓰이는 경우도 있다.

④ 'Wenn' 대신 'wo'를 사용하는 경우는 많이 있다. 뒷문장과 연관성이 있는 문장이라면 '.'를 쓰지 않고 '/'을 쓴 다음, 뒷 문장 첫 글자를 대문자로 쓰고 시작하기도 한다.

⑤ 동사가 하나여야 하는데 두 개가 오면 그중 하나는 'zu'를 생략했거나 명사일 가능성이 있다.

이러한 특징들을 살펴 단어 변화표를 살펴보라.